我国电子商务理论
及其发展新方向

朱美虹◎著

中国水利水电出版社
www.waterpub.com.cn

·北京·

内 容 提 要

电子商务作为一种新型的商业形态,一经兴起,便得以迅猛发展,成为拉动经济发展的重要动力,给经济和社会带来了很大影响。本书对电子商务进行了深入研究,内容主要包括电子商务理论分析、电子商务运行机制研究、电子商务支付系统研究、电子商务安全研究、电子商务的物流系统研究、电子商务法律政策研究、农村电子商务的发展研究等。

图书在版编目(CIP)数据

我国电子商务理论及其发展新方向/朱美虹著.—
北京:中国水利水电出版社,2017.3 (2022.9重印)
    ISBN 978-7-5170-5105-3

Ⅰ.①我… Ⅱ.①朱… Ⅲ.①电子商务－研究－中国
Ⅳ.①F724.6

中国版本图书馆 CIP 数据核字(2017)第 013521 号

责任编辑:杨庆川 陈 洁   封面设计:崔 蕾

书　　名	我国电子商务理论及其发展新方向 WOGUO DIANZI SHANGWU LILUN JI QI FAZHAN XINFANGXIANG
作　　者	朱美虹　著
出版发行	中国水利水电出版社
	(北京市海淀区玉渊潭南路 1 号 D 座 100038)
	网址:www.waterpub.com.cn
	E-mail:mchannel@263.net(万水)
	sales@mwr.gov.cn
	电话:(010)68545888(营销中心)、82562819（万水)
经　　售	全国各地新华书店和相关出版物销售网点
排　　版	北京鑫海胜蓝数码科技有限公司
印　　刷	天津光之彩印刷有限公司
规　　格	170mm×240mm　16 开本　17 印张　220 千字
版　　次	2017年4月第1版　2022年9月第2次印刷
印　　数	2001-3001册
定　　价	52.00 元

前　言

随着信息技术的不断发展，人类的社会生活和经济活动突破了时空限制。互联网的广泛应用，标志着人类社会开始进入"信息经济"时代。"信息经济"时代最显著的一个特征就是信息通信技术在传统商业领域的应用，即电子商务。

电子商务与传统的商务相比，具有明显的优势。在商务活动中，人员流动、货币流通管理、实物商品的流动等，都需要交通工具的支持，需要大量的人力、物力和财力并且占用大量的时间。电子商务可以使商务活动的效益大大提高，在商务活动中大量减少人、财的流动，节省时间，提高效率，降低商务活动的成本。作为一种新兴的商务模式，电子商务将成为当今世界商务运作发展的主流方向。当前，世界上几个主要的发达国家都在大规模地用电子商务来取代传统的商务活动，以达到全面提高其市场竞争力的目的。

电子商务对经济的发展起到了巨大的推动作用，繁荣的经济、发达的市场、巨大的消费需求，也为电子商务的发展构建了巨大的舞台。伴随着我国社会经济的发展，电子商务的主战场逐渐由城市向农村蔓延。2015 年 11 月 9 日，国务院办公厅发布《关于促进农村电子商务加快发展的指导意见》，提出培育农村电子商务市场主体、扩大电子商务在农业农村的应用、改善农村电子商务发展环境三方面的重点任务，全面部署指导农村电子商务健康快速发展。

本书共分为七章。其中，第一章进行了电子商务的理论分析；第二章研究了电子商务发展的运行机制；第三章对电子商务支付系统进行了研究；第四章的重点内容是电子商务安全研究；

第五章聚焦于电子商务的物流系统;第六章探讨了电子商务法律政策环境;第七章对农村电子商务进行了论述。

本书注重实用性与新颖性,内容充实,研究了电子商务的最新发展,是"互联网+"时代背景下的新作。

尽管在本书的写作过程做了很多前期的准备工作,但是电子商务发展迅速,加之作者水平有限,书中难免会有疏漏和不足之处,恳请广大读者和专家批评指正,并及时反馈。

作　者

2016 年 8 月

目　　录

第一章 电子商务的理论分析

近年来中国电子商务飞速发展,孕育着无限未来。中国电子商务的发展繁荣顺应了市场经济的繁荣稳定,结合了行业自身的优势特点,加上中国企业家对公司治理能力的不断提高,使得我国电子商务得到了快速的发展,并开始在世界电商的舞台上崭露头角。随着我国经济的改革和转型,相信我国的经济会更加繁荣和昌盛,各个行业也会走向前所未有的兴盛。

第一节 电子商务的产生与发展历史

一、商务活动、电子商务与电子商务系统

(一)商务活动及其特征

企业的商务活动一般具有以下特征:从事商品交换的活动;涉及商品的交换、买卖和再分配,包含商品物理上的位移过程。

商务活动的内容涉及产品(Product)、服务(Service)、资金(Money)及相关的信息(Information)等的交易。所以商务活动的一个基本特征是:商务活动在两个或两个以上的实体之间完成,而参与交易的实体之间通过一定的商务规则或者契约规范其行为和交易过程,也就是说,商务活动一般是交易双方共同完成的,随着社会分工的细化,在交易的两个实体之间增加了中间层或者商务中介,例如银行。

此外,虽然不同企业商务活动的形式多种多样,但是在其商务活动中都存在信息流、资金流、实物流的流动,这是商务活动的另一个基本特征。

在商务活动中,实物流是交易双方的实物交换过程。实物流的渠道在经济发展的不同阶段具有不同的流通形式,由于社会分工的细化,现代买卖实体之间的实物交换不再是直接的"以物易物",而是存在多个中间环节,例如供应商、运输商、销售商等,但是不管怎样,只要存在商务活动,交易过程的最终实现都必须通过实体从卖方到买方的直接转移而完成。

资金流是实物流的逆向过程,如果说实物流代表产品在买卖双方之间的再分配过程,那么资金流则反映的是资金的再分配过程。在现代社会中,涉及交易活动双方的资金流则常常通过第三方——银行来完成,换句话说,资金流的流动过程是一个涉及第三方的过程。

信息流在商务活动中是伴随实物流和资金流而产生的。在传统经济活动中,信息流从商务契约、合同等介质上反映出来。信息流的一个突出的特征是:它不同于交易过程中的实物流或资金流,实物流是从卖到买的单向过程,资金流是从买到卖的单向过程,而信息流则是一个双向交流的过程,而且信息流在商务实体之间呈现互动(Interactive)的特征。

(二)电子商务及其含义

在这里,列举一些常见的、较权威的关于电子商务的定义。

第一,联合国经济合作和发展组织对电子商务的定义是:电子商务是发生在互联网上的交易。这一定义虽然简单,但隐含着两个要点,一是开放的互联网环境,二是以企业、消费者为主体的交易,这种交易既可以发生在企业之间,又可以发生在消费者与企业之间。

第二,国际标准化组织给出的定义:电子商务是以企业与企业之间或者企业与消费者之间通过网络达成交易的一种通用术语。这一定义实质上与第一种一样,只不过表述的方式有所差异。

第三,全球信息基础设施委员会给出的定义:电子商务是以利用电子信息技术为手段,在互联网上完成货物交易的一种经济活动。这一定义对交易主体的限定比较宽松,并且对交易活动的限定范围较广,所有促进交易完成的网络活动,都可以算作电子商务的一部分。

第四,联合国国际贸易法律委员会给出的定义:电子商务是发生在开放网络——互联网上的包含企业与企业、企业与顾客之间的商业交易。这一定义只是表述的方式不同,其与第一种和第二种定义没有实质上的差别。

第五,美国政府在《全球电子商务纲要》中给出的定义:电子商务是通过 Internet 进行的各项商务活动。这一定义对电子商务的范围界定极为广泛,尤其是对电子商务主体的行为界定比较宽松,从定义中我们可以看出广告、宣传、交易、服务、售后等一系列通过互联网完成的主体活动,都可以定义为电子商务活动。

第六,世界电子商务会议给出的定义:在业务范围方面,电子商务是指实现网络交易的所有商业活动。这一定义将交易的过程电子化,并纳入电子商务的范畴,因此从这一角度来说,企业的网站建设、数据库建设、网络搭建等工作都属于电子商务活动的一部分。

第七,IBM 公司给出的定义:电子商务是指采用数字化电子方式进行商务数据交换和开展商务业务的活动。它是在 Internet基础上,在广阔联系的基础上,与传统信息模式下丰富资源相结合而产生的一种相互关联的动态商务活动。

第八,HP 公司给出的定义:电子商务是通过电子化的手段来完成和进行商务贸易活动的一种方式,是商家与客户之间联系的纽带。

基于以上定义,电子商务的定义大概可以分为两种,第一种是广义的定义,将电子商务系统的构建、电子商务交易过程以及交易行为都纳入到电子商务之中;第二种是狭义的定义,这种定义将电子商务的范围锁定在网络交易这一环节,并仅将交易行为本身作为电子商务的研究范畴。两种定义各有特点,采用广义的定义可以更好地了解整个电子商务系统的运作,对狭义电子商务定义的理解有助于人们更好地明确电子商务交易的细节。

从企业的角度来看,电子商务是以计算机硬件为基础,以网络通信为主要技术手段开展的商品交易活动。电子商务活动以互联网和企业内部网络为信息传输载体,能够高效完成信息处理和加工,从而促进企业改善商品交易活动的细节管理,并有效促进企业与客户之间交易关系的达成。电子商务能够扩大企业的业务市场范围,帮助企业更好地适应现代市场的变化,保持企业在市场中的竞争力。电子商务可以整合企业的产品、信息、技术、网络等资源,形成一种新的交易机制从而为企业的发展提供新的动力。

对个人而言,电子商务已经深入我们日常生活和工作的各个方面,比如我们在网上购物、消费、缴纳费用、买卖股票等。电子商务已经成为我们日常生活的一部分,尤其是在生活消费方面,网络购物不仅便宜而且节省时间,成为快节奏生活下人们的首选。

综合上述分析,我们给电子商务下一个定义:电子商务是指通过现代通信技术,诸如互联网技术等,高效率、低成本地从事以商品交换为中心的各种商务活动的全过程。

(三)电子商务系统及其特点

从软件开发公司的角度看来,电子商务系统是指在 Internet 和其他网络的基础上,为了商业目的的实现,由一个企业或多个企业组建的计算机系统。

而从企业的经营角度来看,电子商务系统是指在 Internet 和其他网络以及计算机系统等的支持下,为了商业目的,由一个企业或多个企业组建的商务系统。

从系统规划与设计的角度来看,电子商务系统可分为广义电子商务系统和狭义电子商务系统。

广义上讲,电子商务系统是能够支持企业电子商务活动运行的电子信息技术手段的集合。广义的电子商务系统受到很多因素的影响,比如网络银行、网络信息证书验证机构、社会环境、社会成员的知识水平等。在现代信息技术的支持下,以开展商务活动为目的,企业可以对各个领域和渠道的信息进行整合与利用。

狭义上讲,电子商务系统是指在互联网以及内部网络的基础上,满足企业开展网络商务活动的需求的硬件系统。狭义上的电子商务系统,仅指硬件系统,即构成电子商务系统的计算机、网络、线路等内容。

从技术上的角度来看,电子商务系统主要是由三部分构成的,即企业内部网络、国际互联网以及电子商务应用系统,这三部分缺一不可。

企业内部网络的主要构成部分是 Web 服务器、电子邮件服务器、数据库服务器、电子商务服务器和客户端的 PC 等组成的面向企业内部的专用计算机网络系统。

企业内部网与 Internet 连接是为了实现企业与企业之间、企业与用户之间的连接。因此企业内部网必须与互联网进行连接。

电子商务应用系统的功能主要是通过应用软件来完成的,它以企业内部网络系统为基础对整个网络内的数据和信息进行加工整理,帮助管理者做出决策。电子商务应用系统由两部分构成:一部分是用来对内部业务和相关信息进行处理并向客户提供某些服务的,比如客户通过网站查看企业的商品类型、产品价格、订货渠道等;另一部分是用来完成电子支付的功能系统。电子支付是电子商务便捷性的保证,也是电子商务正常开展的保障。

从商务角度看,电子商务系统的构成可以分为三部分,即企业内部电子商务功能系统、企业之间的商务功能系统、企业与消费者之间的交易功能系统。

二、电子商务的构成与基本特点

电子商务除了具有传统商务的基本特性以外,还具有以下特点:

(一)电子商务的结构构成

电子商务的覆盖面非常广,涉及的对象众多,但总的来说一般的电子商务系统由以下的基本要素组成:网络系统、用户、银行、配送中心、认证机构、行政管理部门。

1.网络系统

电子商务的网络系统是提供电子商务信息传输的通道,可以是 Internet、Extranet、有线与无线通信网、有线电视网等信息传输系统。

2.用户

电子商务的用户包括消费者和商家两类,也就是通常所说的买家和卖家。消费者可以通过不同的网络接入设备参与到电子商务活动之中,比如浏览器接入、电话接入都可以帮助消费者顺利完成整个电子商务参与活动。通过电子商务网络,消费者可以与商品的销售者进行及时的沟通,最大限度满足自己的需求;商品经营者可以扩大自身的销售范围,并获得及时的市场反馈。

3.银行

电子商务过程的基本环节是买和卖,想要完成整个交易过程,必然会在其中涉及货币支付这一基本问题,而一个成熟的电子商务交易系统,应该有银行系统的参与和介入,这样才能为支付提供可靠的技术保障和安全保障。网上银行就是利用网络信息技术来提供便捷的金融服务的银行系统,电子商务支付通过与网上银行的结合,可以大大提高交易的便捷性。

4.配送中心

在电子商务中,资金流和物流是分离的,消费者购买的物品只能由商家来进行配送,这也是和传统商务不同之处。因此,商家必须依靠配送中心将货物最后送达消费者,如邮递公司或快递公司就起到这个作用。

5.认证机构

与传统的商务活动一样,电子商务活动中也存在诚信问题,当出现违约或欺诈的现象时就需要认证机构来解决问题。认证机构(Certificate Authority,CA)通过发放和管理数字证书的方式,对参与商务活动双方的身份及提供的资料进行确认,它是受法律承认的权威机构。

6.行政管理部门

电子商务的实质也是商务活动,所以同样要接受各种行政管理部门的监督和服务,以保证经济秩序的有效运行。这些行政管理部门包括工商、税务、海关及法律部门等。

(二)电子商务的主要特点

1.对互联网具有很强的依赖性

电子商务具有极高的网络依赖性。网上广告、网上销售、网上洽谈、网上订货、网上支付、网上服务等电子商务的所有活动都依赖于计算机网络。特别是目前基于 Internet 的电子商务,在没有计算机网络支持的情况下,电子商务将难以进行。

2.交易的地域范围很广

基于 Internet 的电子商务可以实现超时空联系,跨越地域的限制,成为全球性的商务活动。互联网本身就是一个没有国界的虚拟世界,电子商务使得跨国大公司、中小企业之间经济往来频繁,有利于更多商机的开发。

3.通信联系具有便捷性

在传统商务贸易模式下,商务往来依赖于人,通过信件、电话和传真来传递信息,中间的各个环节都需要大量人力、物力、财力的支持,甚至有时候会因为工作人员合作不默契或者沟通不及时而造成信息传递的延时,导致企业或者商家失去有利的时机。电子商务系统可以通过网络来传递信息,因为计算机可以在任何时间发送信息、发布数据,这使得企业能够在第一时间掌握相关的信息,并对交易做出调整,最大限度地满足客户需求。

4.交易成本十分低廉

在传统商务模式下,实体店铺销售需要大量的人力、物力、财力支撑。而在电子商务模式下,可以实现无店铺销售,消费者只要使用计算机进行浏览,就可以从网上的虚拟商店中选购所需要的各种商品,通过网上支付,实现交易。还有一个好处是,电子商务能够最大限度地降低库存,销售方通过网络可将订货信息实时地传递给生产厂家,以保证生产厂家及时供货,从而可以减少经济活动中的人力、物力、财力的开销,降低经营成本。电子商务使买卖双方的交易成本大大降低,具体表现在以下几点:

(1)远距离交易成本低廉

贸易双方距离越远,网络上进行信息传递的成本相对于信件、电话、传真而言就越低。还有一个重要因素,就是由于网络交易中间环节少,买卖双方通过 Internet 进行商务活动,无须中介参与,减少了交易的有关环节。

(2)无店铺经营,降低成本

传统贸易采用实体店铺经营方式,而电子商务贸易则是网络经营方式,节省了大量费用。无店铺的经营模式,使得企业经营的成本大幅度降低,尤其是对于规模较小的企业来说,网站建设与维护的费用远远小于租赁店面的花费。

（3）无纸化办公，减少开支

电子商务几乎是无纸化交易，光纸张这一项就可以减少90％的文件处理费用。无纸化办公是现代办公的一个基本特点，也是今后办公活动发展的基本趋势，电子商务从某种程度上来为企业提供了突破传统经营模式，实现现代化的契机。

（4）提供宣传平台，降低广告费用

电子商务中的卖方可通过Internet进行产品介绍与宣传，网络宣传费用比传统方式的做广告、发印刷产品等的费用小得多。在产品的销售工作中，广告费用是企业营销必不可少的一项开支，电子商务为企业提供了在产品宣传的平台，利用得当可以为企业节省很大一笔广告费用。

（5）办公自动化，效率可靠

电子商务交易方利用Internet可实现无纸办公，提高了内部信息传递的效率，节省时间并降低管理成本。通过Internet把其公司总部、代理商及分布在其他国家的子公司、分公司联系在一起，及时对各地市场情况做出反应，即时生产，即时销售，降低存货费用，利用快捷的配送公司提供交货服务，从而降低产品成本。

（6）无库存经营，风险较小

基于Internet基础之上的电子商务可以使买卖双方及时沟通供需信息，使无库存生产和无库存销售成为可能。企业无库存经营，使得经营风险得到很大程度的控制，尤其是贵重商品的销售，网络销售可以很方便地实现预定，企业可以有计划地组织生产。

5. 交易系统具有较强的集成性

电子商务是一门综合性、集成性的技术，它涉及计算机技术、通信技术、网络技术、多媒体技术以及商业、银行业、金融业、物流业、法律、税务、海关等众多领域，各种技术、部门、功能的综合与集成是电子商务的一个重要特征。

6.便于交易和管理

电子商务的交易管理可以完成参加网上交易活动全过程的人、财、物,企业和企业、企业和顾客及企业内部等各方面的协调和管理。这一点可以有效帮助企业改进自身商品管理的科学性和针对性,提高管理的效率。

三、电子商务的分类

电子商务业务涵盖范围十分广泛,有多种分类方式,从不同的角度可将电子商务划分为不同的类型。

(一)按参与交易的对象分类

1.企业—消费者电子商务

企业—消费者电子商务(Business to Consumer,简称 B to C)可以说就是通过网上商店(电子商店)实现网上在线商品零售和为消费者提供所需服务的商务活动。B to C 也是人们最为熟悉的电子商务类型,同时还是吸引媒体关注的一种电子商务形式。目前网上商店提供的商品几乎涵盖了人们日常生活中所需的各类商品,如食品、鲜花、服装、书籍、计算机软硬件、音像制品、家具、汽车等各种消费商品。由于各类商品对于网上销售的适应性有所不同,他们市场的区别也很大。B to C 模式节省了客户和企业双方的时间、空间,使交易效率得到很大的提高,不必要的开支也节省下来了,因而,人们非常认同这种模式,这种模式得到了迅速的发展。Amazon 书店是该类电子商务模式的典型代表,作为世界上最大的虚拟书店,它没有固定的店面,但其营业额却超过了美国最老牌的书店 Barnes&Noble。

2.企业—企业电子商务

企业—企业电子商务(Business to Business,简称 B to B)是

指在 Internet 上企业之间谈判、订货、签约、付款以及索赔处理、商品发送管理和运输跟踪等企业运营全过程的商务活动。尽管 B to B 电子商务受媒体的关注程度一度不如 B to C,但它一直居于电子商务的主流地位,也是企业应对市场竞争,改善竞争条件、建立竞争优势的重要方式。

3.企业—政府电子商务

企业—政府电子商务(Business to Government,简称 B to G)是企业与政府机构在网上完成原有各种业务。政府可以通过其实现对企业行为的管理和监督,如政府采购、税收、商检以及仲裁等等,就可以介入到电子商务中。

4.消费者—消费者

消费者—消费者电子商务(Consumer to Consumer,简称 C to C)类似于网上二手市场,其主要发生过程就是通过在线交易平台,买卖双方可以自主进行商品的买卖活动。通过这个在线交易平台买方自行选择商品进行竞价,卖方可以主动进行商品上网拍卖。从理论上来说,互联网的精神和优势通过 C to C 模式得到了充分的体现,在这样一个领域内虽然买方和买方的规模巨大,同时存在着时间上的不一、地域上的不同等问题,但是买卖双方能够轻松地寻找到合适的对象进行交易,相反在传统领域中这种情况就是难以同步实现的。这种模式同传统的二手市场进行比较,在时间和空间上是不受限制的,大量的市场沟通成本被节约下来了,使得其价值得到了凸显,该类模式的典型代表是美国的 eBay。

5.消费者—政府电子商务

消费者—政府电子商务(Consumer to Government,简称 C to G)是指消费者与政府机构在网上完成二者之间原有各种事务,比如纳税申报、福利发放、社区服务、政策发布、违章处罚等。

(二)按交易涉及的商品性质分类

1.完全电子商务

完全电子商务也称"纯电子商务"或"直接电子商务",可以完全通过互联网络完成整个交易过程,包括计算机软件、娱乐内容的联机订购、付款和交付,以及全球规模的信息服务等,涉及的商品是无形的商品和服务。企业之间能够通过完全电子商务进行直接交易,从而避免受到地域的限制,充分发挥出全球市场的潜力。

2.不完全电子商务

不完全电子商务也称"间接电子商务",其运营的主要对象是有形的商品,这就导致在它整个的交易过程中也需要依靠一些外部要素,而不能仅仅依靠电子商务方式。例如,鲜花、书籍、食品、汽车等商品的交易需要通过分销配送中心、邮政服务和商业快递服务等渠道实现交易货品的送达,以便完成整个交易过程。

根据电子商务的产品、销售过程和销售代理这三个维度的虚拟程度不同,可以把电子商务划分为八个区域,其中三个维度都是数字化的即为完全电子商务,除此之外至少有一个维度不是数字化的即为不完全电子商务。

(三)按开展电子商务业务的企业使用的网络类型分类

1.基于企业内部网 Intranet 的电子商务

企业内部网是采用互联网技术和产品建立起来的企业内部专用网络。利用企业内部网,企业可以进行有效的生产管理,如召开线上会议,发布经营计划、工艺流程说明、产品研制说明,进行信息和质量跟踪等。基于企业内部的电子商务可实现企业各部门和人员间信息的互通互联,缓解信息传输中的丢失和失真现象,降低企业内部管理的成本和费用,加速内部资金的周转和增加使用效益。

2.基于企业外部网(Extranet)的电子商务

企业外部网是企业内部网的外部扩展和延伸。运用互联网技术扩展企业的内联网,可形成企业间或同一企业不同地区间的外部网络。基于企业外部网的电子商务可以提高业务联系的速度和效率,增强企业与其供应商、客户以及各地区部门间的联系,为企业建立既能利用互联网的方便性,又具有安全性能的商品交易与行政环境。随着信息技术的发展,许多企业联盟、合作伙伴间都建立了相互联系的企业外部网。

3.基于Internet的电子商务

基于Internet网络开展的电子商务活动,具有交易主体庞大、交易范围广泛、交易过程完整的特点。它不受地域范围的限制,既可以是全球性的,也可以是区域性的,还可以是行业性的;涉及领域广泛、形式多样,可提供网上营销、服务、交易和管理等全过程的服务,具有业务组织与运作、信息发布、网上采购和分销、网上支付、网上金融服务和交易管理等各项功能。

四、电子商务的产生与发展

(一)需求和技术推动电子商务的产生

电子商务的发展,得益于信息处理技术及通信技术的迅速发展和成熟,也最终得益于Internet技术的不断完善。

1.商务需求的驱动

对于电子商务的认识和需求动力可以从以下几个方面来进行说明和理解。

（1）电子商务的需求首先从企业开始，在实际经营过程中，他们必须保证自己技术的先进性，并以此为基础来改善与用户交流的效率和体验，这是电子商务发展的基本要求，也是推动电子商务不断创新的内在动力。

（2）随着全球化的不断推进，商业贸易的区域化和全球化不断发展，国际贸易也空前繁荣，因此如何有效开展跨区域的商业合作和商品交易成为当前商务活动的重要研究课题。在互联网和电子信息技术的推动下，利用网络进实时沟通和文件处理成为一种不受时空限制的商业手段，在科技的推动下国际电子商务贸易得到了长足的发展。

（3）知识和技术的传播在为企业带来好处的同时，也造成了一些其他方面的效果，比如知识和技术的快速传播使得市场产品不断趋同，市场竞争更加激烈，在竞争中企业可以通过人性化的服务、便捷的购买途径以及个性商品定制等服务来取得差异竞争，这些项目的改进与优化都与电子商务有着密不可分的关系。

2. 信息技术的推动

如果企业有商务处理需求和市场需求，但是没有现代化的技术和平台作为支撑，这些需求是难以彻底转化为企业的商务运作行为的。在互联网技术普及之前，虽然有不少企业开始采用数字化办公技术，并有对应的应用程序对企业的数据、表格等信息进行加工处理，但这些技术并不足以支撑企业在更大范围内推行此种做法，数字化办公仅在小范围内具有实用价值。随着互联网技术的发展和普及，这种覆盖全球的技术，使得企业在更广泛的范围内开展数字化办公成为了可能，电子商务也是在这一基础上不断发展起来的。

计算机网络，就是利用通信设备和线路将地理位置不同、功能独立的多台计算机系统互联起来，以功能完善的网络软件（即网络通信协议、信息交换方式、网络操作系统等）实现网络中的资源共享和信息传递的系统。最简单的网络就是两台计算机互连。复杂的计算机网络则可将全世界的计算机连在一起。

（二）电子商务的发展崛起的三个阶段

如果追溯历史，我们会发现电子商务的发展历史远比我们想象的时间长，从电话、电报等通信手段出现之后，人们就开始从事最原始的电子商务贸易，只不过因为电话、电报为商业活动提供的支持有限，我们通常不将其看作现代意义上的电子商务。现代电子商务的发展大致经历了两个重要阶段，第一阶段是基于 EDI 的电子交易阶段，第二个阶段是基于互联网的电子商务阶段。

1.基于 EDI 交易的阶段（20 世纪 60 年代到 90 年代）

从技术应用角度出发，人类利用电子信息技术开展商业贸易活动已经有不短的时间。20 世纪 60 年代，人们就开始使用电报来远距离发送商务文件，到 20 世纪 70 年代，人们又发明了一种更为便捷的文件传输技术，并开始使用打字机和传真机来弥补电报不能直接将信息录入系统的缺陷。传真机的出现和在事业领域的使用，代表着数字接入技术正式进入商业交易领域，这也是现代电子商务的雏形。

20 世纪 60 年代末期，EDI 在美国产生，当时的商人在使用电子计算机对相关的贸易内容和贸易资料进行处理的时候发现，人工输入计算机的数据资料，大约 70% 是来自另一部计算机通过计算输出的数据资料，并且由于过多人力环节的出现使得计算结果经常出现不准确的状况，因此人们开始尝试直接使用两台计算机进行数据交换，以代替效率和准确性都不能保证的人工录入。

电子数据交换（Electronic Data Interchange，EDI）就是按照标准协议，将商业文件标准化和格式化，并通过网络在贸易伙伴计算机网络系统之间实现数据传输和自动处理的一门技术。通过 EDI 技术组建专用增值通信网络可将贸易伙伴网络联系在一起,方便共享数据,开展各种商务活动。由于利用 EDI 网络进行电子商务活动,提高了自动化水平,减少了纸张票据,简化了业务流程,人们将其形象地称为"无纸贸易"或"无纸交易"。从 20 世纪 70 年代后期到 80 年代初期,基于 EDI 的电子商务形式得到了推广。1990 年联合国推出了 EDI 的标准,并被国际标准化组织正式接受为国际标准,统一了世界贸易数据交换中的标准和尺度,为利用电子技术在全球范围内开展商务活动奠定了基础。

20 世纪 90 年代之前大多数的 EDI 都没有接入互联网,而是通过专用的服务器将不同节点的计算机连接起来。这种用于专业数据交换的网络叫作增值网(Value-Added Network,VAN),互联网出现之前这种增值网一度十分流行。但是随着覆盖范围更广、应用更便利、成本更低廉的互联网的出现,增值网逐渐失去了存在的价值和意义,同时互联网的出现也意味着,代替 VAN 而成为 EDI 的载体条件越来越成熟,EDI 开始成为主流的发展趋势。

2. 基于 Internet 的发展阶段(20 世纪 90 年代)

以 Internet 发展成熟为基础,产生了电子商务。在 1969 年,美国国防部先进研究项目管理局(ARPA)就建立了 ARPANET,将其用于研究国防项目,对相关的高校、研究机构和国防工程承包商的电脑系统进行连接,从时间上看,这是最早的出现的电脑互联网。1986 年开始,美国国家科学基金会(NSF)接手投资扩建成 NSFNET,此网络系统面向各大学和科研机构开放,可以用于非营利性教学和科学研究方面,在推动科学技术研究和教育发展方面起到重要的作用;1992 年"信息高速公路"计划被提出,美国对 Internet 的资金支持进一步加强,并取消了关于商业性应用方面的禁令,给电子商务发展打开了一条崭新的道路;1995 年开始,Internet 主干网开始由企业支持,从而实现了其商业化运营,这就使得电子商务进入了一个快速的成长阶段。

　　Internet 是 20 世纪最伟大的科技成就之一。从 20 世纪 90 年代初,Internet 走出科技、教育和国防领域,开始了规模化商务应用。由于 Internet 的开放性和用户界面的易用性结合在一起,更使得商务应用进入了一个全新的阶段。

　　概括地说,Internet 对于电子商务的推动主要表现在两个方面:

　　①网络建设和应用的技术门槛和成本大幅度降低。这就使得网络的商务应用不再是发达国家和大企业的"专利",发展中国家和中小企业也能应用,电子商务应用得以迅速普及。

　　②消费者得以进入网络世界。这不仅改变和丰富了个人的工作方式和生活方式,更改变了个人的消费方式,从消费者的方面大大促进了电子商务的发展。

　　1995 年,Internet 上的商务信息首次超过了科教业务信息量,这是 Internet 此后形成爆炸性发展的标志,也是电子商务产生并从此大规模发展的标志。至此,电子商务应运而生,电子商务的名称也在这个时期出现了:Electronic Business(E-Business)和 Electronic Commerce(E-Commerce)。

　　电子商务能够完美实现交易双方的即时信息交流与沟通,并可以通过灵活的交易方式实现货款的清付、商品的物流运输,使交易变得简单高效,促进社会和经济的现代化发展。电子商务的广泛应用,使得整个社会的商品流通和交易节奏变快,同时由于节省了部分运费与交易费用,使得企业经营成本大大降低,尤其是中小企业能够从中获更大的竞争力,使他们打破区域市场的限制,获得更为广阔的发展空间。电子商务是一场革命,它从根本上改变了传统商业贸易的形态,使交易不再受时间和场合的限制,极大地促进了商业经济的发展,虽然与传统商业贸易有很多冲突,但其代表着商业贸易发展的未来。在这种背景之下,众多企业原有的获取信息的能力和市场竞争的反应能力都不能适应电子商务的要求,消费者传统的消费观念也亟待改变。这就要求各国政府之间、政府与企业之间、企业与企业之间以及企业与顾客之间加强协商和合作,共同构筑一个适应电子商务发展的新框架、新秩序。

20世纪末,世界各国政府和相关的国际组织针对新兴的电子商务专门制定了一系列的措施,目的是保护与促进电子商务的发展,比如联合国国际贸易法委员会通过的《电子商业示范法》,为当时开展电子商务贸易的国家提供了标准化的运营准则。随着电子商务的兴起,并逐渐发展成为一种重要的贸易方式,1997欧盟提出了"欧盟电子商务行动方案",美国政府发表了"全球电子商务框架"文件。1998年5月,世贸组织132个成员签署了"关于电子商务的宣言"。1998年10月,经济合作与发展组织(OECD)召开了电子商务部长级会议,就电子商务发展的重要性、有关原则和下一步工作重点达成了一致意见,并发表了题为"全球电子商务行动计划"的联合宣言。1999年9月,联合国国际贸易法委员会电子商务工作组第35次会议在前几次会议讨论的基础上,提出了《电子签字统一规则(草案)》,具体规范了电子商务活动中的签字规则。所有这些都说明,为了促进电子商务的发展,创造一个良好的电子商务运行环境,国际组织和各国政府都在积极进行开拓性的工作。

3.基于E概念的发展阶段(21世纪以来)

2000年3月末,纳斯达克指数暴跌,资金链断裂,很多互联网企业倒闭,这也让人们从对电子商务的狂热崇拜中清醒了过来,并开始客观地对待电子商务,从此电子商务开始走上健康、稳定的发展轨道。

(1)ICP阶段,又称Internet的媒体阶段。在这个阶段,企业可以通过在自己的网站上发布专业的产品信息和业内新闻来获得一部分日常收入。广告商通常以点击率为基础对网站以及投放在网站的广告效应进行评估。在这一时期大部分电子商务企业的经营手段是通过访问率吸引广告主题来获取利润。

(2)B2C(企业对消费者)阶段。在这一阶段最负盛名的企业是亚马逊平台和 eBay,它们是网上零售模式的开创者,为电子商务的发展做出了很大的贡献。通过亚马逊和 eBay 消费者可以直接面对生产者或者一级经销商,省去了很多中间的交易环节,大大降低了商品的价格,提高了电子商务贸易的竞争力。

(3)B2B(企业对企业)阶段。B2B 电子商务实质上是通过电子信息技术将传统经济与网络经济相融合,通过电子商务贸易的先进模式来帮助传统经济实现价值增值。B2B 电子商务交易模式的出现,代表着传统贸易模式已经走到了尽头,电子商务开始成为现代贸易的主要交易方式,成了时代的主角。

由此可以看出,电子商务的发展与普及经历了一个曲折的过程,它从低级到高级、从简单到复杂逐渐实现了对传统的胜利。电子商务深刻地改变了人们的生活观念和生活方式,当然这种改变也是由小到大、由点到面的。经过三个阶段的发展,电子商务已经逐步成为现代贸易的主要交易方式,得到了市场和消费者的认可,人们足不出户就能便捷的购物,既促进了经济的发展又促进了社会生活的便捷化和现代化。

(三)当前电子商务发展的基本状况

1.国外电子商务发展的情况

因特网和电子商务的崛起成就了很多传奇人物和传奇故事,也创造了商业发展的一个神话,Amazon、AOL、eBay、Yahoo 这些公司仅仅成立十多年,就取得了传统企业百年的发展成就,并迅速将其超越成为新时代商业发展的旗帜。

据统计,2015 年全球互联网用户已经突破 30 亿,这意味着电子商务的巨大利益空间,也意味着电子商务的发展空间还有很大。在经济和贸易发达的国家,人们对电子商务的重视程度很高,尤其是信息技术成熟、物流系统发达、技术水平高端的国家,他们开展电子商务的热情远远大于发展中国家。美国作为世界上电子商务最为发达的国家之一,认为电子商务为国家和企业带来的发展机遇，和 200 多年前的工业革命可以相提并论，因此从 2000 年开始，美国每年投入大量的人力和物力发展电子商务贸易，以保证其在电子商务发展领域的领先地位。

2. 我国当前电子商务发展分析

我国的现代意义上的电子商务开始于 1997 年，虽然时间很短但在我国市场需求的刺激下，在政府的帮助和扶持下，电子商务的发展取得了举世瞩目的成就，涌现出了阿里巴巴、京东商城等优秀的电子商务企业。

2013 年 1 月 16 日，中国互联网络信息中心（CNNIC）发布了《第 31 次中国互联网络发展状况统计报告》。从该报告中可以看出截至 2012 年 12 月底，我国网民规模已经有 5.64 亿，互联网普及率为 42.1％，较 2011 年底提升 3.8％。与此同时，我国手机网民数量快速增长，2012 年我国手机网民数量为 4.2 亿，年增长率达 18.1％。

2014 年中国电子商务发展报告显示，当年中国电子商务市场交易规模已经达到 12.3 万亿元，同比增长 21.3％；其中，B2B 电子商务市场在其中可以占比七成以上，网络购物所占比例超过两成，网络购物占比比以往有明显的提高；中小企业 B2B 电商市场营收增长超三成；网络购物年度线上渗透率第一次在 10％以上；移动购物市场规模的增长速度则大于 200％。

在网络营销逐渐为人们所重视，网民的消费观念不断转变的前提之下，电子商务企业也根据市场的变化做出了调整，打破了原来单一经营的商业模式，在传统的电子商务经营模式之下，不断寻求新的增长点，拓展电子商务发展的渠道，电子商务与传统商务的融合不断加快。截至 2015 年底，我国网络购物用户规模达到 3.52 亿，网络购物使用率提升半数。与 2011 年相比，网络购物用户增长 2 057 万人，增加明显。在网民增数放缓的发展形势下，我国网购仍然未出现下滑趋势，增长的势头依然很强，这也说明我国电子商务发展与利用的空间还有很大。

五、电子商务发展的影响和带来的变革

（一）电子商务发展对社会和经济发展的影响

1.拓展了商品交易市场,促进经济全球化的发展

在传统贸易过程中,很多企业都缺乏商品进出口的渠道,因此从事国际贸易有很大的困难。

互联网作为一个开放的平台,任何市场主体都可以发布消息,从中获得想要的东西,因此在国际贸易中企业可以通过互联网和电子商务发布自己的产品信息,寻找客户,为中小企业的发展提供了很好机会。

2.电子商务的发展带动了相关服务产业的发展

电子商务的出现不仅为传统企业的发展提供了一条新的道路,同时也带动了一批新兴产业的产生和发展,创造了新的商机,尤其是对第三产业的发展起到了十分明显的带动作用,比如物流速递行业就是随着电商的发展逐步壮大起来的。另外,电子商务也刺激了互联网和 IT 行业的发展,因为新技术是电子商务服务功能不断完善的基础。

3.电子商务的发展创造了新的就业和创业机会

电子商务的发展充分利用了网络资源和网络信息,这对计算机网络技术人才产生了很大的需求,对现代就业是一个很大的促进,因此随着网络技术对人才需求的增加,"白领"的人数将呈现出增加的趋势。此外,还有一部分人在低门槛的电商平台创业,通过自己的经营,取得了成功,他们也是电子商务的受益者。

4.为政府职能的转变提供了契机

电子商务的发展要求政府改变自己的管理方式,增加政策和

管理的透明性,积极建设和发展健全的电子商务法律管理体系,实现规范化管理。政府管理部门提高办事效率,增加政策的透明度,建立健全电子商务的法律法规体系。电子商务的发展对保护网络消费者的权益和隐私提出新的要求,给行业管理及税赋征收增加了难度,政府除了加强管理外,更主要的是为电子商务的从业者做好相关服务。

5.改变人们生活方式、学习方式与工作方式

在电子商务时代人们离不开网络的帮助和支持。互联网远程教学可以让人们跳出教育的局限性,在任何地方享受到高质量的教育;远程医疗可以帮助医疗技术差的国家,足不出户享受世界各国顶级医疗专家们的诊断;人们可以灵活选择自己的日常娱乐方式,通过网络点播所喜爱的电影、歌曲等,这些都是互联网发展所带来的福利,也是电子商务发展给我们的生活所带来的便利和改变。

(二)电子商务影响下的商务活动变革

1.促进金融企业和金融机构的现代化

电子商务支付与结算需要电子化金融体系的支持与配合,但我国当前的金融服务还远未像发达国家一样成熟。电子商务对电子金融服务需求的迅速增加,刺激了我国电子金融服务的发展,并在借鉴国外金融服务经验的基础上,形成了与电子商务发展需求相适应的金融服务系统,同时仍有很大的发展空间。网络经济时代,金融服务的基本需求可以概括为:不受时空限制为客户提供便捷的服务,满足客户不同的金融需求。显然,满足这一要求只有通过互联网才能实现,并且这种广义上的金融服务需要对传统金融进行大幅度的调整和改革才能实现,在实践中主要表现为金融业务的大范围调整、金融信息化的深入发展、金融信息工具的不断丰富,我们也可以将这种非传统意义上的金融服务,

称为"大金融"服务。

2.促进企业经营方式的优化升级

互联网络所具有的高效、及时的双向沟通功能为企业、分销商和供应商提供了有力的平台,它与技术手段相结合不仅可以大幅度减少业务量,而且能够根据数据的记录、处理、跟踪和反馈情况及时进行业务处理,使商务流程更加通畅和快捷;同时先进的电子商务设施也使得企业交易的速度和准确性大大提高;而信息传递的快捷可以满足企业以顾客需求为导向的战略发展方向,减少盲目生产和库存积压,节省社会劳动和经济资源。

3.促进企业销售模式的现代化

电子工具和网络在生产商和购买者之间建立了直接联系,买卖双方的选择机会也通过电子商务的整体运行而得到增加,新的营销渠道和沟通渠道取代了传统的分销渠道和沟通方式,网络营销和网络营销传播成为新的营销模式。

4.促进市场商务市场模式的改变

电子商务形成了新型的电子市场和庞大的消费群体,造就了高度自由的市场环境。同传统的有形市场相比,电子市场的主要不同在于:

(1)交易的环境和基础设施不同。无论是交易的哪一方,要进入电子市场交易必须有网络环境。计算机和各种通信设备的应用取代了传统的手工纸质媒介的交易方式。

(2)交易的时域空间不同。交易双方可以跨越时间、地区和国界达成交易,大大弱化了市场的时空限制。

(3)交易的模式不同。在电子市场上,商品在网上的信息形象在很大程度上取代了传统的实物展示,而通过网络计算机的电子交易在形式上也代替了传统的面对面交易。

(4)交易的支付方式不同。电子市场的交易一般需通过信用卡、电子现金、电子支票等在交易完成后在网上支付结算，当然有些也可在送货时，由买方以现金支付。正是这种网络市场空间的应用，使得电子商务的交易成本更低，运作更便捷，而其触角所涉及的范围也更广泛，从而为企业提供了快速、便捷、有效的市场开拓空间和业务处理的良好环境。

第二节　当前的电子商务模式分析

一、电子商务的主要应用模式

（一）B2B 电子商务模式

1. B2B 电子商务模式的概念

B2B(Business to Business)电子商务，又称 B to B，在电子商务发展中处于主流的地位，其交易对象主要是以企业为主。具体来说，它是指通过互联网、局域网这一媒介企业与企业之间在自动交易平台上完成的交易活动。这种电子商务已经有多年的历史，最初是以企业间通过专用网或增值网并采用电子数据交换(EDI)方式所进行的商务活动尤为典型。随着互联网的普及，越来越多的企业开始通过互联网来进行交易，使得 B2B 有了爆炸性的增长，成为企业间开展电子商务的主要方式。

2. B2B 电子商务的个性特点

（1）行业化突出，专业性强

B2B 涉及的交易主体都是企业，呈现出明显的行业特点。一般平台运营商都具有较深的行业背景，能够为交易各方提供专业性服务，能重构买卖双方的销售渠道和进货渠道，整合企业供应链,降低销售和采购成本,大幅度节省中间费用,提高工作效率。

企业开展 B2B 交易,必须具有专业领域的知识。B2B 商务平台运营商大多具备较深的行业知识,熟悉行业规则目的是能够更好地适应特定行业企业客户的需要,能够提供行业商品的多种成交模式。企业也只有凭借丰富的专业知识和专业技能才能与上下游企业建立互信互助的伙伴关系,顺利开展贸易合作。

(2)相对 B2C 来说,配送和结算较容易

B2B 企业之间的电子商务一般交易量较大,可以利用企业现有的配送网络或第三方物流实现大批量的集中配送。这不像 B2C 电子商务那样,需要多品种、小批量的直接面向消费者的配送过程,因此更容易实现。

另外,通常情况下企业间的电子商务交易额较大,企业是参与交易的主体,对于其他的电子商务系统而言,客户群并不大,信用是非常容易控制的。现代社会信用体系的构建不断完善,并且电子结算也得到了迅速发展,B2B 交易无论是采用何种方式结算,都是比较方便的。因此,便利的网上服务对于现代银行(如工商银行、招商银行等)来说都是能够提供的服务。另外,还有多种网下的结算方式也可供企业间进行使用,如支票、转账、汇款、汇票、行承兑等。一些物流企业,如 UPS 还专门制定了一些代收货款业务以便为中小企业用户服务。

3.B2B 电子商务模式的优势

(1)降低采购成本

通过在企业与供应商之间建立良好的电子商务关系,获得交易双方的信任,在网上自动进行采购,这样就大大减少了双方的人力、物力、财力的投入。另外,采购方通过整合企业内部的采购体系,然后采取批量采购的方式,从而从统一供应商那边可以获得一定的折扣,降低企业成本。

(2)降低库存成本

企业在与上游的供应商建立供应链电子商务系统的同时,也

可以同下游的顾客建立起一定的电子商务关系,从而就能销多少产多少,产多少就供应多少,使物流变得高效的运转和统一,对库存进行最大限度的控制。如 Dell 公司在网上允许顾客订货,使企业的业务流程运转起来非常的有效,很大程度上降低了库存成本。

(3)节省周转时间

企业也能与供货商和顾客建立统一的电子商务系统,这样就实现了货商与企业的顾客之间的直接沟通和交易,减少了周转的环节,缩短周转的时间。

(4)扩大市场机会

企业也可以同潜在的客户建立电子商务关系,转变那些难以通过传统渠道打通的市场,这也是企业扩大市场机会的途径之一。

(二)B2C 电子商务模式分析

1. B2C 电子商务模式的概念

B2C(企业对消费者)模式的电子商务是指将 Internet 作为主要方式和手段,来实现为公众提供服务的目的。网络零售一般来说是这种模式主要采取的方式,通过 Internet 网络平台实现销售活动。

2. B2C 电子商务的一般业务流程

B2C 电子商务的一般业务流程的参与者主要有:网络零售商、顾客、商品供应商、银行、物流服务提供商。

(1)网络零售商

企业通过在 Internet 上建立 Web 站点实现线上商品的销售和服务,为顾客在网上进行买卖活动提供了方便,相应地 Web 站点就称为网上商店,相关企业同时也叫网络零售商。在 B2C 电子商务业务流程中网络零售商占据着非常重要的位置。在业务流程之中和每一个合作者都建立起稳固的关系对网络零售商而言尤为重要。网络零售商只有与合作者一起创建好整个业务流程，并严格管理与他们的每一个结合点，才能确保企业电子商务业务的顺畅运行。

（2）商品供应商

可以说，网络零售商与供应商之间需要紧密合作这一点贯穿于 B2C 电子商务整个业务流程中。例如，在顾客选购阶段，网络零售商需要供应商根据顾客的需要提供按订单制造的产品，还需要和供应商合作共同开发具有竞争力的产品；在送货阶段，也依赖于供应商的产品配送速度。有效地建立起与供应商的良好合作关系，能给网络零售商带来巨大的竞争优势。

（3）银行

电子商务和资金流是无法分开的，不论是在何种情况之下，在电子商务之中资金的支付、清算都是极为重要的一部分。电子商务的发展就要求商家和消费者之间建立起一个资金交互的平台，实现资金支付的电子化和网络化，在网上完成订货之后，网上银行按合同完成网上支付和清算。在这一阶段运行机制比较复杂，而且对技术、标准、法律、法规等多方面都提出非常高的要求，在网上交易的整个过程中都是极为重要的，它保证了电子商务是否能够最终实现。

（4）物流服务提供商

在 B2C 电子商务模式中，除了在一定区域内 B2C 电子商务企业建立自己的物流配送中心，其发送货物的主要方式与专门的物流公司合作将货物从供应商的仓库发送到顾客手中。B2C 电子商务企业要想和物流公司合作，首先需要建立起先进的自动订货处理和发货流程管理系统。物流公司将物流信息管理系统与企业的电子商务系统链接在一起，一旦物流公司给出商品的包裹号码，B2C 电子商务企业就可以利用这一号码跟踪商品的运送过程，获得详细的商品运送网上记录。顾客可以通过访问网上商店随时检查所订购商品的送货情况。

3. B2C 电子商务模式的优势

从上面 B2C 电子商务的实现流程可以看出它相对于传统商业具有明显的优势,突出表现在以下几方面:

(1)中间环节少

B2C 电子商务模式由于是直接在网络上向消费者进行商品的销售活动,因此对于烦琐的批发环节可以绕开,降低了商品的价格,这就为那些在网络上购买商品的消费者提供了很多优惠。如果是销售电子音像制品等无形商品和服务,边际成本更小,边际收益更多。

(2)库存少

传统商业模式中库存对企业来说是必需的。要想满足消费者的需求企业就必须拥有充足的库存。所以库存成本是企业成本的重要构成部分。而 B2C 大多数商业活动是通过互联网开展的,这对于 B2C 电子商务企业来说能够及时掌握订单情况,最直接地了解用户需求,避免因需求预测不准确而增加成本。

(3)建设成本低

传统商业是有形店面,需要自建或租赁商铺、装修卖场、配置货架、摆放货品、雇佣销售服务人员等。而 B2C 虚拟的网上商店并不需要那些基础设施建设费用,只需要建立网站,即虚拟的店铺,并在上面罗列清楚商品清单,对于消费者来说就可以轻松地了解商品的详细情况,选购商品。另外,网上虚拟店面的辐射范围很广,任何可以浏览到该网站的人都是潜在的顾客,而传统商业店铺来说由于地域因素的限制,营业辐射范围很小,这就制约了客源量。如果想要扩大客源量,就必须加大基础建设的投入,在不同地区建设更多的店铺。

(三)C2C 电子商务模式分析

1. C2C 电子商务模式的概念

C2C(消费者对消费者)模式是指买卖双方(主要为个人用

户),通过由网络中介服务商提供的有偿或无偿使用的在线交易平台,使卖方可以主动提供商品上网出售,而买方可以自行选择商品进行购买。C2C 模式是一种大众化交易,比如一个消费者有一台旧计算机,通过网上拍卖,把它卖给另外一个消费者,这就是 C2C 模式的电子商务。

目前我国每天大约有几十万、甚至上百万人在互联网上进行着 C2C 交易。这些不见面的卖家和买家,在网上看货、砍价、成交,所创造的销售量并不亚于现实中诸多有名的大商场。

2.C2C 模式的特点

对于现代市场中的买方和卖方来说,由于其存在数量巨大、地域不同、时间不一等方面的问题,因此要想在同一个平台找到适合的对家进行交易,对于传统领域来说几乎是不可能实现的,因此 C2C 模式是最能够体现互联网精神和优势的。与传统方式相比,在时间和空间方面不能使 C2C 模式受到限制,从而使得大量的沟通成本被节约了下来。

C2C 模式的主要特点包括以下几方面。

(1)参与者众多,覆盖面广。据 Research 的调查数据显示,2001 年中国 C2C 注册用户数为 250 万,此后一直保持稳步增长。

(2)产品种类极其丰富。产品种类丰富是 C2C 的一大特色,从而在网络消费中能够有效地满足人们的商品需求。据 iResearch 调查显示,消费量最大的三类商品主要是指服装鞋帽与箱包皮具类、数码类(数码相机、摄像机、MP3 等)和 IT 类(台式计算机、笔记本、学习词典、硬件等),分别有 36.6%、34.2%和 36.1%的买家曾经购买过这三类商品。此外,拥有较大规模的消费需求还包括礼品玩具、化妆品类、通信产品、家居日用品、首饰佩物等。

(3)交易方式十分灵活。C2C 模式的网上交易除了议价方式的灵活性,沟通方式也十分灵活方便。C2C 的支付方式也可以由买卖双方协商选择。

二、全方位融合创新电子商务模式

商业在不断的融合中发展,在漫长的商业发展史中,商业正是不断地与技术、与消费者需求、与生产、与各个领域进行融合,从而创造出丰富的商业文明,融合是创新的最重要途径之一。在互联网时代,电子商务的发展对很多领域产生了重要的影响,它的创新性甚至也带动很多领域的变革,但是它没有脱离我们的传统行业,电子商务与历史上的生产力促进生产关系变革的渠道一样,电子商务是在融合中促进社会的发展,也是在融合中彰显着自己的经济和社会价值。

电子商务模式创新的融合力度是空前的,不单单是融合技术,进行商业模式创新,而是进行了包括生产、消费等多领域的全方位融合。因此,可以从融合的视角来解析电子商务模式创新的问题。

(一)电子商务与技术融合

1.通过深度挖掘 RFID 技术的应用,推动电子商务的发展

作为一个古老而又年轻的自动识别技术,可以说20世纪40年代开始就有了关于 RFID 技术的最早应用,并且是在军事上广泛应用的,主要是当时英国通过这一技术对自己的军备物资进行追踪。RFID 技术是目前物联网中的关键技术,基本由电子标签、阅读器和数据交换与管理系统3大部分构成,拥有一个相对完整的系统,同时,也可以广泛地应用在电子商务之中。如对于日本政府来说,尤其是在日本批发业营业方式上,RFID 标签可以说是第二次革命性变革,条形码的发明可以说是其第一次变革。并且推广和普及 RFID 标签也成为新一代日本电子商务推动促进协议会的核心议题。

现代货品的品种和式样是多种多样的,为了确定每一件货品

的身份,通过应用 RFID 给每一件货品做标记,就为其打上了独特的识别标签,然后计算机网络通过无线数据传输可以做到对各式各样货品的详细信息及时进行掌握。

同时,移动电子商务由于物联网的出现为其提供了良好的技术支持平台,促进了发展。在此基础上,充分体现出了这种全新的商务模式的优势。当然,任何一项新技术的推广过程中必然会存在着种种的困难,对于 RFID 技术的推广也不例外,成本过高、缺乏统一标准、识别率欠佳、隐私担忧等问题都是当前推广 RFID 技术所要面对的主要难题。

2. 实现 IPV6 与 IPV4 的兼容和互通,突破 IP 地址紧缺的难题

当前,社会发展的速度不断加快,互联网技术的应用日益成熟,随着移动互联网终端的激增以及高速发展的云计算物联网业务,将会不断增加对 IP 地址的需求量,从而使得业务的发展受到 IP 地址问题的严重制约,最终使得未来信息应用繁荣和业务发展受到影响,甚至使得国民经济发展受到制约。随着 IPV4 的枯竭速度的加快以及 IPV6 网络、终端、平台等的不断成熟,IPV6 的推进进程不断加快。由于 NAT(网络地址转换技术)对于地址紧缺问题无法使其圆满得到解决,IPV6 将是最终的选择。然而,考虑到现实的种种问题,实现 IPV6 与 IPV4 兼容和互通存在着巨大的风险和代价:时间有限、费用昂贵、技术风险,并且在这一过程中需要投入大量的设备和技术培训。从电子商务在内的国际互联网应用长远发展看,IPV6 与 IPV4 的兼容和互通是目前突破的关键。

(二)电子商务与供应链管理思想的融合

1. 供应链管理

供应链思想是在 20 世纪八九十年代提出的,供应链思想强调的是满足顾客需求的前提下,构建整个供应链总成本最低的一

套解决方案。即把供应商、采购商、制造商、批发商、零售商、消费者系统集成在一起来进行生产,并把正确的商品、正确的数量,以正确的条件、正确的时间、正确的方式,送到正确的地点的系统管理。

(1)供应链管理的含义

供应链管理(Supply Chain Management,SCM)简单来说就是对供应链的各个环节进行管理。具体来说,供应链是指供应链中的物料、信息、资金、业务以及贸易伙伴等保证供应链运行的关键要素所进行的调节、组织工作。供应链管理的目的我们可以总结为"6R",正确的产品(right product)、合适的时间(right time)、合适的数量(right quantity)、合适的质量(right quality)、合适的状态(right status)、合适的地点(right place)。这六个因素并不是孤立的而是相互联系相互制约的,供应链管理的目的就是将企业的产品在合适的时间在保证数量、质量以及状态的前提下将货物运送到合适的地点。

(2)供应链管理的要求

第一,时间规划。在时间管理上,企业应该将客户的体验和感受作为企业供应链运作的一个重要影响因素,因为对于一些具有极强时令性的产品错过消费时间就等于错过了商品经销的市场,因此在供应链管理中企业要对顾客的消费时间和消费需求进行认真的考虑与规划。

总之,在整个供应系统的设计中,我们不能墨守成规一成不变,而是应该随着市场的变化、经营环境的变化以及时代的发展不断对供应链管理的方法与内容进行补充、完善和修改,保证供应链能够高效率的运行。这种对传统的制造流程进行重构的做法实际上与当前流行的企业经营过程重构(Business Process Re-engineering,BPR)是一致的。

第二,地理规划。地理规划是指企业在进行供应链管理的过程中,应该根据企业的大小、规模以及实际操作的便捷性对供销厂家的分布进行合理的规划,保证在耗费最少资源的情况下达到最好的运作效果。我们这里所说的合理布局,不仅是指地理位置上的,也是功能位置上的,可以说合理的布局对原材料的及时供应、产品销售的迅速铺货具有十分显著的影响。

供应系统合理布局中需要考虑的关键要素主要包括以下几个方面。

①总装厂与目标市场的距离及总装厂与其零部件厂之间的距离。

②目标市场地区的交通状况以及基础设施的总体水平。

③各个目标市场之间的联系便捷度和距离。

第三,资源规划。供应链管理中,企业应该对生产资源进行统一的调配。我们这里所说的调配包括两层意思,一是生产资源在企业内部的使用和分配;二是在生产资料引进上的调配。企业的供货商通常不止一家,为了保障这些供货商能够及时为企业的生产或经营活动提供充足的原材料,企业应该对供货商的大小、规模、距离、运输难易度等因素进行合理的调配,保证原材料在某一两个供应商出现紧急状况不能供货的情况下能够按时、按量、按质供应。香港地区的立丰公司就是这方面的典范。

根据以上对于供应链管理的理解,可以看出供应链管理思想的提出,是对公司竞争性经营的根本性扭转,把公司之间的行为定位为合作为基础的竞争,供产销之间的关系更是合作为主的共赢模式。到了互联网时代,这种供应链之间的整合更是推上了高峰,上下游之间、同行之间更是需要合作。由于互联网本身特性的影响,使得互联网时代一直延续着"一家独大""赢者通吃"的状态,它决定和影响着互联网时代很多传统的企业模式和特点。电子商务强调的是精准的定位和"错位"的竞争,商务模式的终极目标都瞄准了网民消费者这一群体,而消费者需求的无限性、多样性、创造性,让众多商家都找到了商机。因此,随着电子商务的不断发展,现代电子商务与传统商务的发展相比较而言,单一性质的价格竞争并不是其存在的唯一形式,更多地呈现出基于消费者的商务模式的互补性变化。

2.电子商务与生产环节、消费环节相融合

商业属于服务业的范畴，它连接了生产和消费两个环节，因此，商业本身就具有服务业的融合性特征。商业在融合了生产需求和消费需求的基础上，通过自身的模式创新和运作，来更好地对接生产和消费。电子商务作为商业在互联网时代发展的一种模式，其根本属性也具有连接消费和生产环节的服务业特征。

（1）电子商务与消费环节的融合

针对为了适应居民消费结构升级趋势，面向消费者的服务业是电子商务的消费型服务的主要对象，为了满足多样化的服务需求，不断扩大短缺服务产品供给。电子商务的发展初期，这一时期的主要特点表现为互联网的"眼球经济"，更为重要的是在这一时期广大消费者的需求日益多样化，所以满足消费者多样化的需求就是这一时期的重点任务，针对这一点必须创新多样化的服务模式，以便让消费者能够选择广泛的产品，使得消费型服务的形式主要采用综合平台或垂直网站来进行。以淘宝网为例，男装、女装、鞋靴、箱包、运动户外、珠宝配饰、手机数码、家电办公、护肤彩妆、母婴用品、家居家纺、家装建材、百货市场、汽车摩托、花鸟文娱、生活服务、娱乐休闲，等等，在平台网站上随处可见各种商品、各种服务以集成的方式出现，在多方面为消费者提供了极大的便利，满足了消费者的多样化需求。不仅如此，由于互联网具有互动性的特征，电子商务充分利用这一特性，把广大消费者的需求与企业的商务模式创新紧密地结合起来，实现了社交平台与商务平台的紧密联系。具体来说，社交讨论的领域专门出现在电子商务平台上，通过这一平台的建立，可以有效地反映出消费者对商家的评价信息、满意度，并且通过对相关数据的分析，商家可以及时了解消费者的潜在需求，并以此为根据，通过网络实现商家与消费者的实时互动，从真正意义上加强了商务活动与消费者的联系。

（2）电子商务与生产环节的融合

"生产性服务业"的特性，充分体现出了电子商务与生产环节

的融合。一般来讲,生产性服务业是指为保持工业生产过程的连续性、促进工业技术进步、产业升级和提高生产效率提供保障服务的服务行业。作为配套性服务业,从制造业内部生产服务部门独立出来,发展成为一种新兴的产业,可以说生产性服务业与制造业具有直接相关性,生产性服务业在整个产业链中贯穿与工业生产的上中下游,为其提供辅助性帮助,并不直接面向消费者,也不为其提供直接的服务。

电子商务为制造业提供的生产性服务创新表现在以下几个方面:

一是电子采购。电子采购是随着计算机技术兴起的一种采购收单,它能够极大的提高企业采购工作的效率,节约采购开支,并有效地防止各种采购腐败行为的产生。通过电子商务,在采购环节实施网络化,实施企业对中间产品、原材料以及相关服务进行电子商务化,利用网络资源丰富性的特点货比三家,择优采购,提高效率,降低成本。电子采购作为一种高效的现代化采购方式,能够为企业的采购工作注入新的活力。

二是 ERP 管理体系。ERP(Enterprise Resource Planning),企业的资源规划的科学性和现代性是建立在信息技术的基础之上的,在现代管理理念的指导下,管理人员利用计算机对企业资源进行合理的配置与划分,提高企业资源运作以及经营管理的效率。ERP 系统是一种集计算机技术、信息技术以及现代管理方式于一体的综合性规划系统,科学的运用 ERP 采购管理系统能够最大限度调动企业资源配置的活力、员工工作的活力,能够有效提高企业的运作效率以及经济效益。

电子商务时代是以速度取胜的时代,"同质化"严重的传统产品市场,在电子商务中也很常见,电子商务的特点之一就是企业对市场的反应速度快。在不断变化的市场需求中,现代企业面临着来自多方面的压力,原材料、生产能力、设计、质量、运输、后勤保障等方面都有可能出现各种各样的问题,制约企业的发展。而在信息化的供应链系统中,企业能够很快地把客户以及供应商的信息进行收集和整理,使其完整化,并且对于原材料以及产品的库存和市场供求状况做到快速的了解,从而在供应商、制造商、渠道商、客户之间形成良性互动,实现企业的发展。

三是工业设计的电子商务化。作为创意型产业,工业设计在现代生产中的重要性日益呈现出来。一方面,在生产环节工业设计成为一个不可缺失的构成,属于制造的一个环节;另一方面,作为一个独立的第三方产业,工业设计可以作为生产性服务业,服务于生产制造方面。因此,如果能够很好地将电子商务与工业设计结合起来,对于工业设计作用的充分发挥将起到非常重要的作用:电子商务具有广阔的传播和市场推广功能,一方面能够很好地把这类企业的产品快速推向市场,另一方面也可以使得企业迅速获得市场反馈信息,根据市场需求,设计出满足市场需要的产品。工业设计作为企业的无形资产,在电子商务运作模式的影响作用下,能够很好地将企业的核心价值和理念传达给人们,进一步帮助企业树立良好的信誉,促进企业的整体发展。

四是寻找崭新的商业模式,树立"轻公司"的经营理念。在高速发展的互联网时代,"轻公司"作为现代企业经营发展的一种新的商业模式得到了关注。"轻公司"主要是指通过互联网工具,依托独特的技术平台,以一种崭新的商业模型出现在传统行业的价值链中。这种理念的核心是,核心竞争力的发展是企业首先最看重的部分,在此基础上,把自己所不擅长的那部分业务通过以外包的形式让其他公司来进行,从而使自己的核心业务得到各方面的聚焦,而相关的专业外包公司也能充分发挥其优势将专业、优良的服务提供给企业,降低企业的成本,实现双赢。随着电子商务市场的快速发展,服务外包业也获得了更好的技术平台,在公司剥离的业务中,合适的下游企业能够较为轻松地找到,使得外包提供者和接受者的对接更迅速更适合,同时,外包公司以电子商务的兴起为基础,并且随着不断发展和壮大就形成了一个新的创新型的服务市场,从而提供更加专业的服务和创新的理念,充分实现了强者更强的"马太效应"在互联网时代的体现。

第三节　传统商务与电子商务的比较研究

一、电子商务与传统商务的运作分析

(一)电子商务的运作

电子商务打破了时空上的限制,促进了全球经济的一体化,为企业竞争创造了均等的机会,提高了商务活动的效率,改变了生产经营方式,也改变了人们的学习、工作和生活的方式。电子商务运作包括以下步骤:

1.交易前准备

在交易前,交易双方的网址和网络主页是电子商务交易双方获取所需信息的主要途径,交易非常快速,效率很高。

2.贸易磋商

电子商务交易双方通过网络将电子化的数据记录、交易文件以及相关资料进行及时的传递或者互换,提升交易的效率。电子商务数据交换的保密性和便捷性比起传统方式更为优秀,但要注意做好数据文件的备份。

3.合同的签订与执行

电子商务环境下的网络协议能够最大限度地保证相关数据和文件的准确性,在取得授权的情况下,这些数据信息是具有法律效力的,相关的行为会受到法律的约束。

4.资金支付

电子商务交易资金的支付主要是通过电子制品、电子现金以及信用卡能现代化的支付交易载体实现的,在电子商务交易中,网上支付是应用范围最广,认知度最高的支付方式。

(二)传统商务的运作

1.交易前准备

一般来说包括商品信息的发布、查询和匹配过程。在传统商务模式下,信息反馈不够及时,管理层在决策时不能及时掌握经营状况的信息,影响商业运作。

2.贸易磋商

传统商务的贸易磋商就是贸易双方进行口头磋商或纸面贸易单证的传递过程。各种正式贸易单证的传递主要通过邮寄方式进行。

3.合同的签订与执行

在贸易磋商完毕后,交易的双方应该在平等协商的基础上以书面合同的形式确定新的交易条款,对交易双方的行为进行约束与限定,从而保证合同的顺利执行。如果其中一方在合同的执行过程之中,违反了相关规定,要按照约定条款对另一方进行损失赔偿,该条款由法律保证执行。

4.支付

传统商务支付方式主要有两种,一种是现金支付,多用于小额支付和日常消费支付;另一种是支票支付,多用于大宗贸易支付。在支付过程中,双方会根据开户行和相关支付信息,依法完成交易货款的支付。

二、电子商务与传统商务的比较

电子商务运用系列化、系统化的电子工具,使传统的商务模式变得更加快速、高效,那些传统商务交易中的纸张流动、货币流动甚至包括人员流动都可以在电子商务中以"电子"流动的方式实现,一方面减少了企业人、财、物的流动,另一方面由于网络的特征,电子信息的传递不会受到时间和空间的限制,从而及时有效地扩大了商品信息传递的区域,大大提高了商品的营销率。

(一)电子商务与传统商务区别明显

1.交易活动场所不同

传统商务交易各方的活动范围通常受时间、地域等条件的限制,交易场所一般是实体性店铺。而电子商务中的交易双方基于网络进行交易,突破了时空的限制,在世界任何地点、任何时间都可以通过互联网进行实时交易,使市场范围大大扩展,实现了全球性的交易。

2.交易参与方式不同

在传统商务模式下,分销商、代理商等中介是交易活动的重要参与方。在电子商务模式下,交易各方的联系能力加强,使生产商到顾客的直接销售比例增加,分销、代理机构的职能与作用大大削弱。

3.营销方式不同

传统营销同电子商务营销相比产生了极大的改变。主要表现在以下几个方面:

(1)营销策略的不同

传统的营销以产品的质量、价格、特色、包装等要素作为宣传的重点;网络营销则有所不同,它将客户的需求放在商品营销的首位,通过与客户的沟通对用户需求做最大程度上的满足。

(2)营销方式的改变

传统的销售主要是通过经销商的实体商店销售,期间会产生商铺租赁费、员工工资等成本;网络销售只需要一台电脑、一个网站以及少量的网站维护人员,能够节省大量的成本。

(3)竞争形式的差异

传统营销是在市场销售中直接与竞争对手竞争,基本的竞争态势是大鱼吃小鱼,小企业难以在竞争中立足;网络销售可以与消费者直接取得联系,销售的成本比较低,可以通过特色服务、特色商品来与传统优势企业竞争。

4.物流配送方式不同

传统商务与电子商务物流有很大的差异。传统物流主要是指从生产商到经销商的商品流动,并且大宗的货物运送会产生不小的中转、仓储费用以及工人工资,物流成本是传统商业模式成本的主要组成构成部分之一。电子商务物流主要是指从销售者到消费者之间的物流,大量精简的销售环节使产品物流成本大大降低,消费者可以享受到性价比更好的产品。

5.消费者不同

电子商务使得消费者选择商品的范围得到了极大的拓展,而不必局限于从有限的范围内和有限的产品种类中选择自己需要购买的产品,这对消费者购买商品的满意度会有很大的提升;消费者的购物行为更加明确,可以进行多方位的对比与衡量,来选择自己喜欢的产品,比如传统商店不能像网购一样让消费者在很短时间内对多种同类产品进行性能、价格等消费要素的比较;网络支付十分便捷,消费者可以在一天中的任何时刻购买物品,而不需要担心店铺打烊,这也是传统商务所不具备的特点。

6.面临的法律与行政管理有所不同

在传统商务模式下,法律约束和行政管理的对象是具体的客观活动、行为和人;在电子商务方式下,法律约束和行政管理的对象还包括商务活动中虚拟的行为、信息和虚拟的人。

当然,传统商务与电子商务并非完全不同的、对立的两件事,电子商务也并不能取代全部的传统商务过程。实际上,电子商务是传统商务的扩展和延伸。

(二)电子商务相对于传统商务的优势

1.不受时空约束,交易自由方便

传统商务是店铺经营,即在固定的地点、固定的时间销售某种商品。电子商务销售是通过网络店铺销售商品的,网络店铺的销售不受时间、地点的限制,消费者可以 24 小时在店铺内购买商品,从而极大的延伸了销售的时间外缘和空间外缘。相比于传统商务模式来说,电子商务销售具有更加灵活的时间选择和空间选择,这种特性使得消费者能够根据自己的喜好和时间来购买消费品,在更广泛的意义上满足消费者的需求。

2.产品流通周期短,服务便捷

相比较于传统商务来说,电子商务处在绝对领先的位置,主要体现在两个方面。

(1)电子商务可以加快生产流通速度

产品的生产是很多部门和工作人员共同合作完成的,在现代产品生产和销售的整个过程中,可能会涉及很多企业,如果没有一个高效率的沟通平台作为运行保障,那么整个产品的生产和销售就会陷入混乱之中。电子商务系统的存在解决了沟通不便的问题,使得企业之间的交流变得更加通畅、便捷,促进了产品销售的正常运转。

(2)电子商务能够提供更快捷的服务

电子商务提供了更快捷的服务,通过一台计算机就可以获得想要的产品信息,并获得企业为用户提供的专门的服务,这种服务的响应速度是传统商务所不具备的。

3.减少交易环节,降低交易成本

与传统的商务相比,电子商务交易可以精简很多传统交易的中间环节,从而使交易的费用大大降低,从而降低销售成本,使消费者能够享受质优价廉的商品。交易环节的减少,使产品的生产商能够更加接近产品销售市场,不仅可以帮助企业更好的观察市场,还有利于企业直接倾听消费者的意见,从而帮助生产者更好的改善产品。

4.沟通便捷,满足客户个性需求

电子商务融合了网络沟通与交流便捷性的特点,企业可以通过电子商务系统对消费者的反馈意见、售前咨询进行快速的了解,并根据消费者的个人需求为其提供个性化的商品销售服务。传统商务由于产品以及销售模式的固定性,很难针对消费者的个人需求做出调整,导致消费者的购物满意度难以提升。

5.全面展示产品信息,满足消费者认知需求

传统的产品销售是将商品陈列在商店中,将真实的产品展示在消费者的面前,但是对于大多数消费者来说,他们通过观看,只能对产品的外形和材质进行一定的了解,对于产品的一些特性和具体的参数则难以了解,在这种状态下消费者很容易为商品的外在包装等因素所迷惑,而为并不符合自己需求的产品买单。在电子商务交易中,消费者可以通过网络对产品的性能、材质、外观、功能参数等内容进行详细的理解,并且在网络的帮助下对这些要素进行个人判断,从而使得消费者能够买到称心如意的商品。

6.交易足不出户,节约时间成本

从某种意义上来说,由于生活和工作节奏的加快,人们用在购物上的时间越来越少,但是由于生活需求的增加,购物频率会

越来越快,电子商务能够完美的解决人们在购物时间和购物需求上的矛盾,通过网络购物人们足不出户就能买到自己需要的产品,大大节省了人们的购物时间成本,并且能够享受比店铺更加实惠的价格。

三、加快企业改革,推动传统企业开展电子商务

(一)加快企业业务与互联网的结合

全球化的挑战使得市场竞争更加激励,传统商务不仅面临着来自国外的压力,也经受着电子商务的冲击。电子商务作为传统企业现代化的一种重要手段,不可能一蹴而就,这种改变可能需要几年的时间才能完成,但其战略意义却十分重要,这也是传统企业赢回竞争优势,获取更大发展空间的机遇。电子商务改革能将传统企业的优势充分发挥出来,使其能够适应现代市场发展需求,重新在市场竞争中获得优势地位。传统企业的电子商务改造可以缩减成本,使其盈利空间得到拓展,并且传统企业在产品生产上的优势可以使其更好地把控产品质量,为客户提供质优价廉的商品。在互联网时代,企业经营面临着信息碎片化的挑战,传统企业在信息收集、市场分析和产品定位上的优势通过开展电子商务得到增强,通过对市场信息的整合企业可以更好地适应市场的变化。互联网具有很强的综合性,传统企业开展电子商务经营可以从中获得更多的现代经营技巧,从而帮助企业实现平稳、快速的发展。

(二)不断创新企业传统商务运作模式

在网络技术快速发展的今天,电子商务能够帮助企业更好地掌握和运用现有资源,对市场的变化做出机敏的反映,从而提高企业的市场适应能力。当然,这需要企业的不断创新才能具备实现的前提,新技术的应用、新设备的投产、新经营模式的建立都是

企业创新的一部分。传统企业具有很多优秀的客户资源,这是很多新兴电子商务企业都不具备的一个优势,传统企业通过技术创新开展电子商务,可以为这些优秀的老客户提供更为便捷和周全的服务,这对于巩固双方的合作关系具有很重要的作用。

(三)加强基础设施建设

基础设施的建设和整合都是以企业商务活动的基础设施为前提的。基础设施的建设和整合并不是企业硬件设施拼凑,而是通过合理的管理措施和管理制度,将这些基础设施整合为一个有机的整体,从而发挥出更大、更强的功能。就目前来说,国际上的企业间电子商务贸易主要有两种,第一种是通过企业自建的电子商务交易平台实现,第二种是通过中介机构的电子商务平台实现交易。就企业自建网络来说,一般适用于产业链条比较长,并且与范围广、合作客户多的综合性企业,比如大型设备制造企业必须与很多企业合作才能够顺利地完成产品的制造和生产。

第四节　我国电子商务的发展趋势

一、电子商务的发展环境不断完善,持续增强其发展动力

随着互联网的广泛应用,电子商务在我国发展势头迅猛。电子商务已被广泛应用于生产、流通、消费等各领域和社会生活的各个层面。越来越多的企业意识到电子商务的重要性,开始运用这一模式进行商务活动。为规范市场运行及改善经济环境,一系列有关电子商务的政策、法律、法规不断出台,电子商务发展的政策法律环境也会不断完善。金融业的发展及信用、电子支付等电子商务支撑体系的建设、完善,为电子商务的持续发展提供了动力。

二、行业电子商务将成为发展主流

以往我国电子商务多专注于内容或以综合性电子商务为主，随着我国电子商务规模的扩大及其向各行业的渗透，电子商务开始迈向实用阶段。行业电子商务悄然兴起，为我国经济的发展注入活力。

制造业、商贸流通业、对外贸易业、文化旅游业、展览展会业、金融服务业、农业等是电子商务发展的新领域。

三、移动商务正成为电子商务新的应用领域

移动电子商务是电子商务的新形态，作为电子商务的一个分支，其具有比传统电子商务更大的优势及便利性。传统的基于互联网的商务活动要通过一台计算机来完成，而移动电子商务可以为移动设备的拥有者随时随地提供商务信息，完成商务交易。

四、国际化发展趋势

中国经济在世界经济发展中扮演着重要角色，作为经济发展的重要推动力量，我国电子商务也会跨越时间及空间的限制，走向世界。我国电子商务将在世界电子商务中发挥着举足轻重的作用。

宽带技术、交易安全技术等国际电子商务支撑技术对我国电子商务的发展有进一步的推动作用。国外资金的注入和国外新技术的介入将为我国电子商务的发展提供坚实后盾。中国电子商务和国际市场对接的进程将大大加快。

五、区域化发展趋势

地区经济发展的不平衡是我国的基本国情，经济发展不平衡

致使经济发展具有阶段性,收入结构的层次十分明显,大城市、中等城市和沿海经济发达地区是我国经济较发达地区,电子商务活动也较兴盛。这些地区 B2B 的电子商务模式明显。以这种模式为主的电子商务企业在资源规划、配送体系建设、市场推广等都必须充分考虑这一现实,采取有重点的区域化战略,才能最有效地扩大网上营销的规模和效益。

六、融合化发展趋势

电子商务网站在最初的全面开花之后必然走向新的融合:

一是同类网站之间的合并。那些定位相同或相近,业务相似的网站,由于竞争激烈,最终一些企业将被兼并淘汰。

二是同类别网站之间互补性的兼并。一些具备良好基础和发展前景的网站在扩张的过程中必然采取收购策略,主要的模式将是互补性收购。

三是战略联盟。由于个性化、专业化是电子商务发展的两大趋势,每个网站在资源方面总是有限的,客户需求又是全方位的,所以不同类型的网站以战略联盟的形式互相协作将成为必然。

第二章 电子商务发展的运行机制研究

对电子商务发展的运行机制进行深入的研究与探索,决定着一个企业的市场经营成果。从长远来看,能否找到适合企业发展需要的运行模式并不断完善决定着一个企业能否有未来。电子商务不是没有载体的虚拟事物,电子商务的开展往往由企业主管来主导和管理。不管是大型企业还是一个网络店铺,电子商务的开展都需要运行机制管理。电子商务的迅速发展,为现代企业运行机制管理提供了重要的机遇,同时也带来了巨大的变革。

第一节 电子商务运行的基本框架

一、电子商务系统运行的任务和内容

完成电子商务系统建设之后,通过对旧系统进行切换,新的电子商务系统和新的商务模式就可以投入使用。运行阶段的到来,意味着企业将要在新的商务平台上以新的商务模式来运作。在这个阶段,主要工作已经从技术的角度转到管理与营销的角度,工作的重点将更多地放在吸引并留住顾客,为顾客提供更为全面、周到的服务上来。这一阶段主要有以下几个方面的任务。

(一)将新系统更好地融入系统环境

一个系统能否生存与发展在很大程度上取决于系统和环境

的融合程度。企业电子商务的运行环境和老系统运行环境有较大的区别，必须让电子商务系统更好地融入新的商务环境之中。具体任务主要有以下两个方面。

1.和原有的老客户、合作伙伴继续保持良好的业务关系

对其中的尚不习惯应用电子商务或者还没有条件应用电子商务系统的客户和合作伙伴合作时还是运用传统的方式开展业务；对有条件开展电子商务的老客户和合作伙伴进行充分的交流，将新的业务关系与流程协调好，同时通过电子商务系统进行合作。

2.发展新客户与新的合作伙伴

新的电子商务系统将为企业提供了更广泛的商务空间，企业必须对电子商务带来的商务优势进行充分的利用，拓展客户与合作伙伴，将企业的业务范围扩大，降低企业的运作成本，使企业的市场竞争力增强。

（二）实现企业内外信息系统的一体化和信息共享

电子商务系统主要是企业对外的信息系统，为了使其应有的作用得到充分的发挥，应该和企业内部的管理与生产信息系统融为一体，进行无缝的连接与信息交流，最终使企业内外业务活动连接的流畅得以实现，保证企业内外信息资源共享及时，为企业的所有客户与合作伙伴提供不分内外的一体化服务。

（三）提供更全面与及时的客户服务

1.与用户的实时、全时段的交互

电子商务系统应为用户提供每天 24 小时、每周 7 天、每年 365 天的实时自动回复服务，最大程度地保证与客户进行交流，并在充分为用户提供全面服务的同时运用客户信息提炼与获取所

有可能的商机。

为了这一目的能够实现,可以采用下面几个措施。

(1)自动回复

系统可以事先确定常见问题与答案,一旦访问者提出问题,无须人工操作,系统就会自动回复访问者。这是一种很强的功能,能完成以下工作:①感谢访问者提出问题;②对客户提出的新问题,明确回复时间(应在 24 小时内回复);③回答常规性问题,30 秒之内就给出回答;④提供公司的电话号码、主要联系人和联系方式。

自动回复电子邮件的应用是网络营销战略的重要组成部分,应用很广。它帮助企业实现 3 个关键目标:增加销售、降低成本和增强同目标市场的沟通(目标市场是指顾客、潜在顾客、业务伙伴、顾问、新闻出版等)。

(2)检索工具

在电子商务系统中安装检索工具,可以帮助访问者迅速找到相关的 Web 页面,这对于顾客来说是非常有用的。

(3)实时 Web 对话区

实现与顾客交互的另一个策略是运用实时对话区,也就是通常所说的聊天区。它与前面几种方法有所不同,是一个实时的非自动化的过程。为了保证对话的质量,它要求参与讨论的每个人同时都在对话区。企业方面应该有专业人员在该区全天候值守,及时回答或者安排处理用户提出的问题,也可以组织集中的研讨与答疑。例如,企业的有关专家定期光临对话区,同时将此信息公布给所有的顾客,以保证参与人员的完整性和对话效果,为客户提供权威的咨询与指导服务;也可以让企业的营销主管向客户和新闻界介绍企业新产品的开发,回答客户与记者的提问。

如果参与者由于特殊原因不能按时到场,对话区就可能变成无聊的聊天场所,无法实现预期的目的。与其相比,电子邮件讨论组则允许参与者在方便的时候阅读讨论。

2.不断更新系统的内容

实时的信息是电子商务系统运行的基本保障,这就要求电子商务系统需要不断地更新系统的信息,包括新闻信息、产品信息、服务信息等。为了保证电子商务系统信息的及时更新,可以采取以下措施。

(1)建立信息及时更新的管理机制,保证信息的及时发送。

(2)协调不同电子商务系统之间的关系,实现相互的信息共享和业务共享,达到双赢和多赢的目的。

(3)与企业的内部信息系统连接,直接向用户提供企业的实时生产与管理信息,向企业生产与管理部门提供用户需求信息。

(四)更积极地吸引潜在客户

尽管电子商务系统能吸引来成千上万次的访问,但这并不是说访问者都会成为顾客。吸引与挖掘潜在客户就成为了电子商务系统应该做的首要工作。前面讲述的一些内容都是帮助企业吸引客户的,只有较高的客户访问量,再加上相应的电子商务营销方案的实施,以及现代数据挖掘技术与数据仓库的应用,企业就可能从这些访问者中发掘出潜在客户并通过实施相应的营销策略留住客户。

二、电子商务系统运行的主要活动

为了完成电子商务系统的任务,企业必须开展一系列的活动,这些活动涉及企业电子商务项目的方方面面,具体包括:

(1)电子商务项目的创意与整体策划。

(2)制定营销方案,组织电子商务产品。

(3)电子商务网站的设计与建设。

(4)电子商务项目与产品运行与推广。

(5)网站信息的及时处理与信息更新。

（6）建立运行的各项制度,完善运行管理。

三、电子商务运行团队的构建与管理

（一）企业电子商务运行团队组建的原则

1.合理的数量

也许很多管理者尝试把众多的员工塑造成一个团队。但是,这种尝试无疑都会以失败告终。在目前的经济条件下,不可能建立一个拥有众多员工的高效团队。因而,以项目或者阶段任务来构建团队是最有效的方法。

2.能力互补

对于一个团队来说,其成员之间是紧密合作的关系。与传统组织相比,它不但强调信息共享,也强调集体的绩效。因而,他们之间的技能应该是互补的。在组建团队的过程中,英明的企业管理者会让团队成员之间的能力互补,年龄和经验互补,甚至性格和行为方式也要互补。

3.责任明确

与传统的组织不同,团队的责任强调个人责任,也强调集体责任。团队有总的责任,也有明确的分工。每一个团队成员并非是简单地做完自己本职的工作,还需要担当对团队成员的责任和集体的责任。如果团队的目标没有达到,每个团队成员所担当的责任基本是相等的。

4.目标清晰

团队应该有清晰的目标。这个目标即是团队存在的理由。每个团队成员,都需要对这一团队目标做出承诺。这个目标应该是非常具体的目标。这个目标不但要规定出具体的任务，也需要规定出完成任务的具体时间。它甚至应该深入到团队成员的日常生活之中。

5.淡化领导

团队的领导是要建立和谐的成员关系。它更强调指导，而非领导。在团队中，不宜设置一些诸如行政类的管理机构，而应该让最有能力的人担当管理的角色。这个管理者应该建立自我指挥的工作团队，保持团队对目标的忠诚、对团队技术的警觉以及对外部的警觉，还要善于沟通外部的关系。

如果能真正做到这五步，每个管理者都可以构建出无敌的高效团队。尤其是在"知识密集型企业"中，构建出这样的团队更会使企业目标高效地完成。

（二）电子商务运行团队组建方式

电子商务的蓬勃发展引起了各种类型传统企业的关注，无论是传统制造企业还是服务企业、农业企业。但是，对于这些传统企业而言，电子商务是一个新生事物，组建一个什么样的团队和如何去组建团队非常关键。从实现路径看，传统制造企业电子商务项目团队的主要组建方式有三种：一是依托原有业务团队组建；二是将业务完全外包给专业外部团队运作，本企业与外部团队通过契约开展项目合作；三是通过兼并重组等方式将外部团队吸纳进来，并与企业原有相关团队进行人员整合，按照资源优化配置的方法重构项目团队。

1.通过企业原有业务团队调配、转型等形式组建

企业组织电子商务团队，自建电子商务平台是企业电子商务项目最高效的运转方式。银泰集团投资1亿元打造"银泰网"，单独组建项目团队，自己投资建立仓储和物流配送体系。其"银泰网"完全独立于母公司运行，整个电子商务项目与其他传统业务

有一定功能和技术隔离。企业建立自己的电子商务团队,构建电子商务平台,不仅可以有效地挖掘客户需求、培育市场,并且还能够通过电子商务平台获得更多的商业资源和商务机会,保证企业获得更多的竞争优势,能够在激烈的市场竞争中占领一席之地。通过电子商务平台,企业可以实现内部信息的交流与沟通,并且,由于网络具有便捷、快速的优势,因此企业可以获得最新的商务信息,并且可以及时发布企业的内部信息,建立自己的网上品牌,树立良好的企业形象。此外,通过电子商务平台,企业还可以打入国际市场,与国外企业展开竞争,从而拓展企业的销售渠道。

从来源渠道看,企业自建电子商务团队的人员一般来自于企业内部原有团队的相关业务部门。其中,来源渠道最多的是企业内部的管理、营销和技术部门,这些岗位人员需要结合企业电子商务项目功能需求进行合理调岗、转岗。

2.通过电子商务项目外包的契约合作形式组建项目团队

企业通过电子商务项目外部的契约合作方式组建电子商务团队,本质上就是电子商务业务外包。即通过与外部电子商务企业签订合约的形式进行约束与管理,电子商务团队的人员及其相关的管理均由合作企业提供。发包方可以根据实际需要选择部分或全部的业务给受包方,发包的内容一般包括渠道规划及建设、推广、运行、物流、仓储等。

3.通过兼并重组等方式组建电子商务项目团队

通过兼并重组外部项目团队组建的电子商务团队,本质上是对契约外包式团队的深化,是指在对外包服务团队深入合作或深入了解基础上,发包企业干脆将外部团队以一定的激励形式"拉"入本方阵营,成为本项目的百分百成员。

这种方式是介于自建电子商务团队和电子商务外包之间的一种电子商务团队组建方式,也是传统制造企业开展电子商务活动的一种很好选择。

外部项目团队的兼并重组方式较适合于那些想进入电子商务领域，但原有团队又非常缺乏核心电子商务人员的传统制造企业。若在产品生产制造和相关资源方面有一定的优势，传统制造企业完全可以通过兼并重组等方式快速组建一个团队，并重点做好原有资源和新团队资源的整合工作，快速打入电子商务市场。

这种方式尽管有众多优势，但是也存在诸多不足。如组建时的合作谈判将是一个艰苦的过程。另外，企业原有团队与新进团队员工的文化融合将是一个痛苦的过程，两个团队之间的原有差别将随时引起任意一个团队的不满。通常而言，让新团队适应原有团队通常是合作的主流，但是也应充分考虑新团队的实际情况，整合过程不能过于死板和急躁，否则将会前功尽弃。

（三）建立健全电子商务组织的管理机制

电子商务组织的管理机制是促使管理对象不断向电子商务管理目标趋近的客观作用力。对于电子商务活动这一管理对象而言，管理机制的作用是客观的，具有外在的约束和强制性；对于管理主体而言，管理机制是可选择的，不同的电子商务组织，可以选择应用不同的管理机制来实现其管理目标。电子商务管理机制按其性质、作用的不同可分为如下几类。

1. 激励机制

激励机制是运用各种激励因素，形成刺激量，鞭策和促使管理对象趋于管理目标的客观作用力。电子商务组织体系中尽管存在着多层次多方面的组织要素，但其基本要素仍是人。对人的管理有多种方法，但各企业必须建立自己特有的激励机制以发挥组织中的"人"所带来的效应。关于激励机制的研究有很多，但主要是从内外因和需求层次的角度去建立适合组织的激励机制。

2. 信仰机制

信仰机制是通过某种方式使管理对象出于对某种精神信念

的忠诚而产生推动力。它是通过管理对象的自觉行动和素质素养起作用的。例如,通过思想政治教育使人的思想觉悟提高,从而产生自觉为一定理想而工作的积极性;通过爱国主义教育使人增强民族自强自立信念,正确处理国家利益与集体利益、个人利益的关系;通过法制教育使人增强法律意识,从而自觉遵纪守法,严肃行为规范;通过环保教育使人强化生存生活环境保护意念,强化公益意识等。这些意识和信念会贯穿于组织文化理念之中,形成信仰机制,从而使电子商务活动朝着利于组织经济利益、社会公众利益双赢的健康方向发展。

3.利益分配机制

利益分配机制是推动管理对象为获得一定的物质利益而向管理目标趋近的客观作用力。在电子商务活动过程中,其管理研究对象有多种组织关系,有与政府管理部门之间的关系,有与经营伙伴之间的组织关系,劳资关系,合作人之间的关系,与供应商、制造商、生产部门、生产者及客户之间的关系,同时还存在着与信息系统不同单元间的关系。维系这些关系的主要条件就是利益分配问题,而根据企业合作交换理论,企业合作关系的建立是参与者权衡其投入与收益的理性选择。因此,电子商务组织的利益分配机制是促进组织运行的基础作用力。

4.权力权威机制

权力和权威是两个相近但不相同的概念。权力是政治上的强制力量和职责范围内的支配力量。权力是由法制、制度、职位、职责所赋予,而权威则是自身的学术能力、品质给他人的影响力。在传统企业管理中,权力机制是一种制度分权给人的制约力,行政权力维系和制约着组织内的多种关系,影响着企业的生存与发展,容易出现很多违反企业利益或者是社会利益的现象。在知识经济时代,企业的生存与发展从以物质资源为主逐步过渡到以知识资源为主,尤其是电子商务组织,需要充分利用和整合知识资源。同时,在电子商务组织中,知识、文化、技术素质内涵也发生了根本性的变化,由此可见,如果只通过权力机制对人们的行为进行约束是远远不够的。而权威机制则指的是,通过权威者自身的水平和威望,形成"威望"效应,从而对他人产生巨大的吸引力、影响力和崇拜力。因此,在当前电子商务运行中,管理者应充分结合权力机制和权威机制,双管齐下,在企业内部形成向心力,提高企业的管理效率。

5.竞争合作机制

电子商务竞争合作机制是管理对象为争取有限的机会进行竞争与合作的选择而产生的客观作用力。高低优劣、优胜劣汰是市场竞争的客观现实,电子商务组织既要面对市场与社会的竞争,还要利用高低优劣、优胜劣汰的竞争效用来处理组织内部的各种关系,整合人力资源,同时选择外部的项目、伙伴、人才、技术等资源进行广泛的合作。电子商务组织是构筑在网络经济条件下的,以知识管理为核心,因此,电子商务组织应通过竞争合作机制组建自身的组织群体,通过竞争合作机制选择可利用的外部资源,通过竞争与合作的选择获得社会与市场机会,通过竞争与合作的选择形成多类品牌和信誉,赢得市场份额、客户与地位。

第二节　电子商务运行的基本模式

一、知识管理模式

知识管理(Knowledge Management,KM)指的是,利用集体的智慧提高企业的应变和创新能力,是为实现企业中显性知识和隐性知识的共享,从而提供的一种新途径。也可以理解为,知识管理(KM)就是在扩展的企业中利用知识资产的能力,其可以帮助人们做出最佳的决策,并在竞争中获得优势。企业实行知识管理需要做好四个方面的工作:第一,建立知识库;第二,鼓励员工之间实现知识交流与沟通;第三,在企业内部建立起一种尊重知识的良好的内部环境;第四,将知识作为企业的一种资产来进行管理和对待。

当前,随着管理手段的不断进步,知识管理模式已经被广泛应用于各行业和市场之中,因此,不能将其简单地看作是一种新型应用或解决方案的概念,而是要将其看作是一种定位 IT 和机构改革创新的新型概念性模式和手段。① 当前,随着市场经济的转型,知识型经营已经被人们普遍所接受,企业的管理压力也与日俱增,探索新的管理模式的要求日益迫切,其中最新的成果即是知识管理,如何在知识经济环境下更好地进行企业管理活动得到了足够的重视和发展。知识管理的内容包括:

(1)不断变化的专业知识等无形资产。

(2)像捕获的文档、设计、专门技术转化而来的其他物理或电子成果这样的信息资产。

(3)充分利用这些资产以提高效益的公司战略。

虽然知识管理模式不是一种灵丹妙药,也不可能为解决任何特殊企业问题提供解决方案,但它可以满足可确定数量的特定企业需求的集成途径提供前景规划和侧重点。KM 可满足一些企业领域内客户的需要和期望,分析的内容如下:

(1)创新和创造性。

(2)资产保护。

(3)产品开发。

(4)响应能力。

(5)脑力劳动者工作效率。

(6)机构学习。

(7)客户知识。

---

① 　张晶晶,胡曦明.构建基于下一代网络的电子商务应用[J].现代通信,2006(4).

通过对企业内部拥有的这些宝贵无形资产的分析，知识管理可以尽可能地去发现企业内部实际拥有的隐性知识，并引导员工在分享企业显性知识的基础上最大可能地共享他们各自的隐性知识，以此来实现企业知识创造企业管理最佳实效的目标。

二、客户关系管理模式

近年来，随着电子商务的深入发展，与电子商务密切相关的概念——客户关系管理（CRM）在全球范围内得到了广泛的传播，为越来越多的电子商务企业所关注和采用。实践证明，电子商务活动的竞争，本质上体现为对客户的竞争，即谁拥有了客户，谁就取得了电子商务活动的成功。只有能够更好地抓住客户需求的一些优秀企业才能在日益激烈的全球电子商务竞争中赢得客户的满意，争取更多的客户，并最终取得市场竞争的优势地位。所以，客户关系管理的重要性也就不言而喻。为了更好地进行客户关系管理，甚至发展出了以客户关系管理为核心、以电子商务各参与主体为支撑的电子商务客户关系管理模式。客户关系管理模式如图 2-1 所示。而这里的客户也不仅仅是企业外部的客户，只要是电子商务活动链上的参与主体，都可以视为企业的客户，怎么样与这些众多的内外部客户进行有效的沟通、信息传递与共享，来更好地为这些客户服务，将是客户关系管理模式要探索的主要内容，只有这样的理念才能更好地支撑电子商务活动在"客户至上"的市场环境下成功地运行。

三、协同生产管理模式

协同生产管理模式指的是，一种基于多代理、分布式网络化的协同生产体系。随着企业市场环境的不断变化，企业经营目标也会做出相应的调整，相应的协同生产管理体系都可以做出适当的调整和组合。为了在激烈的市场竞争中占领一席之地，很多企业开始将原来"机械结构型"的组织结构,开始向扁平式单元化结构转变。当前,很多企业中所实施的分布式网络的虚拟制造,对企业的组织结构和经营方式都可以起到调节的作用。在电子商务经营模式下,通过利用互联网,可以实现异地企业的有效集成,实现制造单元间生产的协调性,同时还可以有效采集工作数据,并做好数据程序的传送。

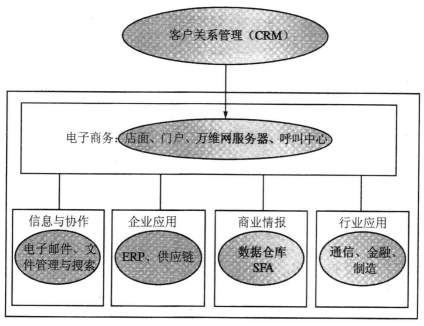

图 2-1　客户关系管理模式

（一）协同生产体系结构

在协同生产体系结构中,包含有多个知识源 KS,具体来说主要有,工艺计划 KS、生产计划 KS、调度 KS、通信 KS 和几个分析/诊断 KS,这些知识源之间相互都是独立的,但是却可以通过共享数据结构来进行彼此之间的通信。在协同生产体系结构中,可以通过多种不同的方式来实现知识的共享,包括人机交换、自动产生,并且还可以通过加入知识分析结果和外部事件等方式来实现。

从本质上来说,协同生产体系结构实际上就是一种系统组织方式,主要由三部分构成,包括知识源、全局数据库和控制结构。在该体系结构中,黑板发挥着重要的作用。黑板是可以公共访问的,可以通过黑板进行通信,并且通过对黑板进行一系列的操作,还可以引用知识源。控制结构的主要作用是,按照人们的具体要求,通过采取措施控制知识源与黑板之间的信息交换,就可以实现对问题的解答。除此之外,黑板还具有很多其他的优点,包括良好的柔性、可扩展性和可重用性等。由于黑板所具有的多项优点,因此在制定车间计划或是进行工艺计划制定过程中,可以顺利实现数据的协调和共享,从而对计划与调度起到优化的作用,并最终实现单元化制造系统与其他应用系统的集成。

图 2-2 描述的是电子商务生产子系统中的协同生产黑板体系结构。

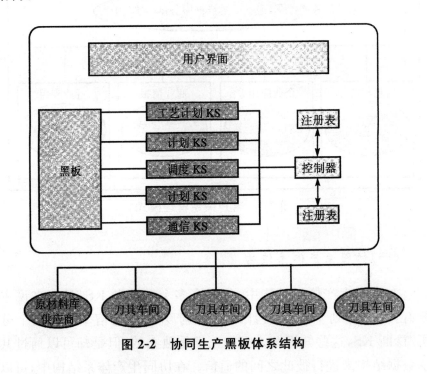

图 2-2　协同生产黑板体系结构

(二)电子商务生产子系统的建立及代理的应用

作为电子商务的生产子系统,生产的柔性和敏捷性是必须要具备的,要维持总体的协调性,并且还要能够独立进行组织活动事项。为了适应激烈的市场竞争,企业必须要实现电子商务模式的运营,这样就需要改造传统的生产车间,具体来说,需要做到以下三点。第一,按照成组技术的原理,组建能够实现独立产品生产的车间;第二,筛选出一批经验丰富,可以熟练掌握多种生产技术的员工,将其组成一个新的生产小组;第三,对各个生产车间都实行计算机生产管理,对全部的生产计划进行控制,实现对多项数据的集成、传递和收集。为了实现企业的生产管理目标,因此企业在选择管理软件的过程中,必须要注意软件的智能性,从而可以在一定程度上实现对生产的全权代理,能够顺利应付随时出现的变化,能够对生产及时进行协调。由此可见,在该种模式下所建立起来的独立生产单元,具备很大的决策和实施的自主权,全面体现出生产的柔性和敏捷性,其具体模式如图 2-3 所示。需要注意的是,无论"代理"最终是通过哪种方式来实现的,都必须要注重重构性。"代理"具有一些特殊性质:自治性(Autonomous)、社交性(Social)、反应性(Reactive)和主动性(Initiative)。

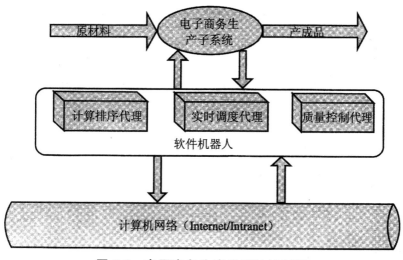

图 2-3　电子商务生产子系统控制图

协同生产管理,实际上就是在生产制造系统的的基础上所组建的一种新的企业结构,其与传统的生产管理结构和分工方式不同,所组建的是一种较为独立的生产基本单元,然后再通过网络的协调和管理将这些独立的生产单元组成"虚拟"制造工厂。

(三)Internet/Intranet 技术在电子商务生产子系统中的应用

电子商务生产子系统的柔性和敏捷性,不仅要保证各制造单元、物料供应和人员的合理调配,同时还要确保控制软件要具备一定程度的柔性和敏捷性。因此,对于控制软件来说,不仅要使用"代理"(Agent)、"黑板"(Blackboard)等先进的软件技术,增加软件的智能性和开放性,同时还要使用客户/服务器分布式体系结构。在此基础上,可以充分利用 Internet/Intranet 技术,从而形成服务器+浏览器的结构形式,将浏览器的优越性发挥到极致,并将其作为软件与外部环境进行数据交换的一个主要接口,确保在异构环境中实现集成。软件结构图如图 2-4 所示。

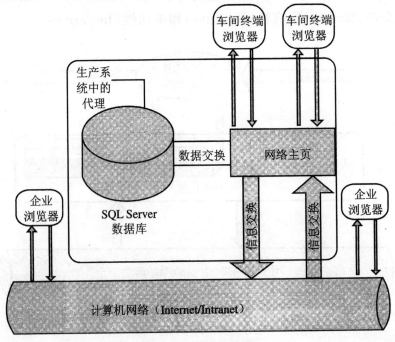

图 2-4 软件结构图

四、全球价值链模式

企业所从事的一系列活动，一般描述为整个价值链上的业务活动。价值链是一种商业模式，所连接的活动包括供应方关系、本地后勤、产品处理和需求方活动。而联合国工业发展组织对全球价值链（GVC）的定义是："全球价值链是指为实现商品或服务价值而连接生产、销售、回收处理等过程的全球性跨企业网络组织，涉及从原料采购和运输，半成品和成品的生产和分销，直至最终消费和回收处理的整个过程。包括所有参与者和生产销售等活动的组织及其价值、利润分配，当前散布于全球的处于价值链上的企业进行着从设计、产品开发、生产制造、营销、交货、消费、售后服务、最后循环利用等各种增值活动。"随着 Internet 技术和全球性关系的扩展，企业已经开始认识到管理的重要性，不仅是对实物的管理，还包括对信息本身的管理。同时，它们还看到 Internet 消除了时间和空间的限制。因此，企业全球价值链模式是一种超越时间和空间限制的增值活动管理模式。如图 2-5 所示为全球价值链模式。

GVC 通过业务流程、链接供应商、合作伙伴和客户，充分发挥了机构的能力和效率。由于这些资产的端到端流动更加有效，因此企业可降低在存货管理、业务流程管理、时间管理和资金管理等方面的成本。GVC 包括开发有效供应、交易和信息链管理和贸易合作伙伴支持。

五、电子商务模式的重要性

互联网为商务模式的传播和扩散提供了渠道，但是随着网络的迅速发展，原有商务模式的利润空间由于简单的模仿照搬被迅速挤干了，形成了网络泡沫。"三流企业卖产品，二流企业卖技术，一流企业卖规则"，这里的规则就是电子商务模式。一个有特色的电子商务模式对企业发展的成功具有极其重要的作用。

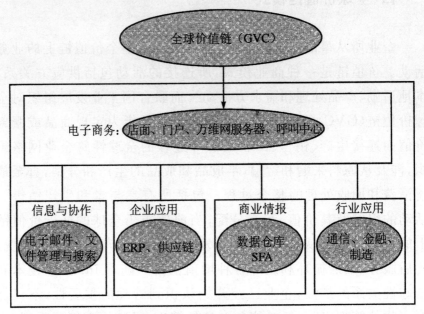

图 2-5　全球价值链模式

（一）良好地运用电子商务模式能够提高使企业的竞争优势

现代企业在激烈的竞争中如果能够很好地运用电子商务模式就能够获得竞争优势，主要包括以下两种：一种优势是通过电子商务模式的运用可以很好地改进业务中原有重要流程或特性，从而使得企业的运作效率得到了极大提高，并降低了经营成本，如将互联网服务策略引入顾客的管理中；另一种竞争优势则是通过良好地运用电子商务模式创造性的突破了企业的原有业务，创造了新的价值，如对行业领域的标准或规则进行改革、开拓新市场等等。

需要特意说明的是由于某种特定的内外环境的发生或是影响，第一种优势可能会转化为另一种优势。如 Dell 通过互联网的运用，将强大的第三方物流与之结合联系起来，网上直销渠道被建立起来，形成了上述第二种优势，从而在计算机制造行业得到了迅速的崛起和发展。它的成功改变了整个 PC 行业,行业事实上的标准被重新创造,在一定程度上通过 Dell 的创新性运作模式的运用,任何想进入该市场的入门门槛被设置出来了。最近几年加大对基础设施的投资是 Dell 发展的重点,从而继续保持了第一种企业的竞争优势。而与之相反的是,作为一家丝网印制商品的销售企业,美国公司 Fruit of the Loom 首先建立了 Activewear Online 外部网络,从而很便捷地连接了销售商、供应商、合作伙伴甚至是竞争对手之间的合作,通过网络资源将 Fruit of the Loom 产品的网上目录、可用性和价格信息等内容进行发布实现共享,电子商务模式的第一种优势就形成了。不仅如此,对于公司相关的供应商、销售商、批发商和运输合作伙伴,Fruit of the Loom 公司为其建立了独立的信息门户,将在线订货、结算和促销等功能实现出来,在这样一个信息平台上,公司自己的产品以及其他竞争对手的产品信息都可以很快速地被浏览到,从而使得这些与该公司有关的合作伙伴之间以获得共赢为基础的相互依存的关系,在这种情况下,公司所具有的竞争优势发生了转变,从而具备了第二种竞争优势。

从以上两家公司电子商务模式运用的具体事例可以看出,电子商务模式形成的竞争优势是动态发展的,会随着时间的推移而改变,并且由于内外环境的影响,不可能长时间里企业的竞争优势会一直存在,如竞争对手的模仿或模式创新。

(二)对于新兴的互联网企业来说电子商务模式具有重要意义

20 世纪 90 年代中后期,经济发展的热点很大一部分已经转移到与互联网的相关产业上来,相应地一些互联网神话故事应运而生。

在电子商务的早期发展阶段,大量的资金被众多企业所筹集,并且众多企业为了吸引注意力,过多地对浏览量进行盲目关注,把筹集到的大量资金集中运用到缺乏务实的投入回报分析方面,最终导致这些企业的资金付诸东流,并没有获得相应的回报,反而造成网络经济出现了泡沫。通过上述企业的发展模式可以明确看出,确定明确的目标顾客和市场对于企业发展来说是至关重要的一步,只有这样企业才能满足市场和顾客的需求,从而获得企业自身发展所必需的赢利。并在此基础之上,进行有效的成本收益分析,并根据市场需求对赢利来源进行分析并拓宽渠道,减少不必要的支出,从而促进企业的持续发展。但是不可否认的是,适合的商务模式是企业获得赢利的必备条件,通过成功商务模式的运用,企业能通过差别化战略、低成本战略或专一化战略获得竞争优势。当前随着市场竞争的日益激烈化,创新商务模式已经成为互联网优先考虑的重要问题。因此电子商务模式需要不断地推陈出新。

一个合适的电子商务模式才是企业成功的关键,关键是要找到和竞争对手的不同之处,抓住用户的某个特定需求。因此,对电子商务模式的探讨也是业界和相关学者需要格外关注和思考的。

第三节　电子商务运行的评价分析

一、电子商务系统评价的成本

当前,电子商务日益受到人们的重视,其具有很强的潜在增长性。但需要注意的是,虽然人们已经认识到了电子商务能够为企业带来巨大的商机,但是却忽略了电子商务的成本问题。研究表明,如果一家企业决定投资100万美元来用于对电子商务网络系统的开发,那么为了实现盈利和更好的发展,在未来的五年内,企业至少还要投入300万美元,这样才不会消耗之前的投资。但是,在这种情况下,企业就会面临更多的难题,激烈的市场竞争要求企业必须要不断进行创新,对电子商务投入很大的支持,但是之后对经营的维系和成本的控制却是难以预测的,严重的还会造成企业的亏损或是破产。在我国,在初期所建立的信息系统具有一定的盲目性,没有对必要的成本效益进行深入的研究和分析,这就导致了很多失败案例的出现。因此,对电子商务成本进行深入的研究和分析是十分必要的,便于企业进行网络和其他信息技术的投资。通常情况下,企业开展电子商务所涉及的成本主要可以分为两部分,一部分为内部成本,另一部分为外部成本。

(一)内部成本

1.硬件成本

企业开展电子商务所需要的硬件成本主要指的是,企业所要购买的计算机相关设备费用。企业想要开展电子商务,相应的计算机设备,包括计算机、服务器、路由器、交换机等都是必要硬件。此外,这些电子设备的更新换代是很快的,因此企业必须要定期对其进行维护和更换,因此所耗费的硬件成本也是一个极为庞大的数字。

2.软件成本

所谓的软件成本主要指的是,企业所使用的电子商务系统软件部分和后期开发的应用系统的开发成本。企业想要成功实现电子商务运营,软件是关键。软件具有更新速度快、生命周期短等特点,因此价格较为昂贵,这就需要企业必须要对软件成本进行合理的维持与控制,以此保证电子商务的顺利进行。

3.人员成本

企业所要实施的电子商务模式,必须要获得一批专业电子商务与信息系统管理人员的支持,这同时也是电子商务成本中的一项重要组成部分。为了保证电子商务的顺利运行,企业还必须要对这些专业员工定期进行培训。实际上,对这些员工的培训大多都是在实行电子商务运营模式之前,只有小部分是对员工实行的在职培训,其主要目的是掌握电子商务运行的新技术和新标准,提高企业电子商务运营技术的先进性。

4.电子商务系统的运行与维护费用

企业在建立起电子商务网站之后,并不是一劳永逸,还必须要对电子商务的软硬件系统进行定期的维护,同时对网站上的信息也要定期进行更新。为了保证网络系统的安全性和效益性,企业信息技术部门需要分出很大的精力实现对系统的维护,对信息系统进行全面的管理,全面确保对企业业务部门的技术支持。

5.风险防范成本

企业在实行电子商务运营模式之后,还会受到计算机病毒和网络犯罪等方面的风险威胁。在1999年CIH病毒的爆发中,人们才真正认识到了计算机病毒强大的破坏性。随着电子信息技术的发展,网络犯罪的形式也更为多样化。一些网络黑客会编制网络病毒故意破坏企业网络,甚至一些犯罪分子为了牟取不当利益,还会通过网络直接盗窃企业机密,从而对企业信息安全造成重大威胁。为了降低企业的损失,且也就必须要加强对该方面的危险防范,制定专门的风险防范成本,维护企业的利益不受侵害。

（二）外部成本

1.企业间的通信成本

企业间的通信成本包括企业与业务伙伴之间进行电子商务活动时需要支付的通信费、入网费和网络服务费。

2.观念转化及信用成本

目前,中国企业计算机应用水平落后,而使用计算机的企业大多是进行文字处理工作,也就是说,生产、资金、销售、信息及库存、人事等方面的管理,大多没有实现电子化,更谈不上网络化了。这样,企业对电子商务的需求很少,企业的电子商务客户还没有大量出现,在这种情况下,企业开展电子商务的成本很高。另外,中国企业的信用程度普遍很低。消费者往往会担心支付了货款后,得不到自己购买的货物。由此可以看出,企业电子商务的进行要受到客户观念的影响。若企业推行了电子商务,而客户群体却不能接受,企业恐怕会在转变客户观念上耗费很多成本。

3.网络发展滞后的成本

目前中国多数商业企业仍然采用传统的手工作业方式,不适应电子商务的要求。如果商家在电子网络上进行了交易,转账还需要人工转账,而不能通过网络来进行,就不能很好地提高经营效率,节省经营成本。

二、电子商务系统评价的实施步骤

先从最一般的竞争环境和组织结构开始,到系统总体结构,然后是系统和组织之间管理接口的服务水平,接着是系统内部功能的一些特殊结构。具体讨论如下[①]。

(一)系统环境分析

在这一阶段的分析结束时,应该对市场中的竞争压力,主要的竞争对手和关键的成功因素有清晰的定义。组织通过其机构、策略、文化因素等对竞争环境做出反应,这一阶段应该了解这种反应的方式。要正确评价组织对于信息和其支持服务需求的总体水平,以及它们如何影响组织的状况和所处环境。

---

① 骆正华.电子商务系统规划与设计[M].北京:清华大学出版社,2006,第359页.

（二）系统基础设施的评价

在第一阶段建立了组织环境之后，第二阶段的评估主要用于分析信息系统基础设施的不同组成部分，如组织的结构和已建立的处理过程，它们决定电子商务系统的性能。基础设施有以下4个维度：信息维度（提供信息支持的应用系统和数据库）；技术维度（计算机设备、系统或应用软件以外的软件和远程通信设备的体系结构）；组织维度（信息系统功能的组织和管理结构）；经济维度（组织对信息系统的投资）。

（三）系统接口的评价

系统体系结构描述了已建立的信息系统的性能，在对其进行评价后，下一阶段要评价系统的管理过程，它是组织体系结构与组织其他部分之间的重要接口。要对管理过程及其质量进行评价，首先要进行系统计划和控制的评价。系统评价用于测试组织使用系统的效率和系统满足用户实际需求的程度。

（四）系统活动的评价

最后一个阶段的评价包括系统功能中的活动评价和管理评价。围绕信息系统各个功能的评价包括6项活动：应用软件开发和维护评价、系统操作评价、预期性能计划和技术实现评价、系统支持功能评价、系统安全措施评价、系统人事管理评价。

三、电子商务系统应用效果的评价

应用效果评价主要是指在系统投入运行之后，评估系统给企业的经营管理所带来的效果和效益，一般包括直接经济效益和间接经济效益。具体包括以下内容。

（一）直接经济效益评价

经济效益评价通常通过系统的成本——效益分析来比较系

统的投入与产出,从而评价企业电子商务系统的经济效益。也就是说,对系统的经济效益评价首先必须确定成本项目和收入来源,然后加以比较。企业建立电子商务系统的目的是为了更好地实现企业的发展目标,从而使企业获得更多的经济效益。因此,经济效益评价是企业电子商务系统评价的重要内容。直接经济效益评价的主要内容包括系统的投资总成本、系统运行后所带来的收益、投资回收期等。

(二)信息服务的质量

信息服务的质量是指系统向信息使用者提供的信息的可读性、实用性、准确性和及时性等。电子商务系统对于企业管理的价值主要体现在信息服务的质量上,企业只有通过使用它所提供的信息,切实改善了管理,提高了决策水平,才能真正体现出企业管理的价值。因此,在比较信息系统时,必须分析其提供的信息服务的质量如何。

(三)管理水平和效率

随着电子商务系统的应用和企业业务流程的合理化,企业管理水平应明显提高。为了衡量企业管理水平的改善程度,可以依据管理咨询公司提供的企业管理评价指标体系对企业管理水平进行综合评价。评价过程本身并不是目的,为企业建立一个今后可以不断进行自我评价和不断改善管理的机制才是真正的目的。

(四)企业内用户的满意度

系统易用、方便及友好的界面,以及用户是否愿意使用电子商务系统,是否持积极肯定的态度都是非常重要的方面。

(五)客户和商业伙伴的满意度

一个电子商务系统建立起来,如果仅在技术上是成功的,并达到了财政目标,但如果顾客或者商业伙伴对结果不满意,仍然被认为是失败的。

(六)企业业务流程是否趋于合理

这是电子商务系统应用在改善管理效率方面的成功表现。电子商系统应用成功也即意味着企业业务处理流程趋于合理化，并实现了电子商务系统应用所要达到的市场最终目标。

(七)社会效益

电子商务系统的效益可分为经济效益和社会效益。电子商务系统所带来的效益首先体现在社会效益上，进而带来经济效益。

以上除第一项是直接经济效益评价外，第二至七项都属于间接效益评价的内容。这些工作的改进会促使企业降低成本和增长利润，从而使企业间接地获得效益。但由于这方面的成因较复杂，计算困难，我们只能做定性的分析，所以间接经济效益也称为定性效益。尽管间接效益难以估计，但对企业的生存和可持续发展所起的作用往往要大于直接经济效益。

第三章　电子商务支付系统研究

一个快速、安全、高效的支付系统，不仅是市场交易行为顺利完成的前提，而且可以大幅度地降低交易费用，节约社会资源。因而，提供支付便利、降低交易成本是支付结算系统生存的基础。自 20 世纪 70 年代开始，一系列电子支付系统相继出现，极大地提高了支付结算的效率。随着金融业核心地位的日益突出，各国纷纷加快了支付系统现代化建设，并将其作为国家金融建设的重要组成部分。

第一节　电子商务支付体系结构与功能

一、电子支付的基本概念

（一）支付方式的变革

随着人类的诞生，货币的逐渐出现。从最初的等价交换到货币支付，再到现在各种支付方式和支付工具的出现，支付工具越来越多样化，支付方式越来越丰富。从最初原始社会的物物交换，到一般等价物的产生，再到实物如"贝壳"作为货币，然后出现金属货币，最后出现纸币，货币经历了几千年的洗礼，在人类支付结算活动中扮演了重要的角色。

我国第一张银行卡的发行可以追溯到 1985 年，是由中国银行出面发行的。这在我国历史上是一件具有里程碑意义的大事，标志着我国的货币正式进入了一个新的发展阶段。随着时间的推移,各种各样的银行卡纷纷出现,并与现金一起,成了人们日常生活中不可或缺的支付工具。

最初票据的产生,是为了企业之间的结算更加便利。因而,票据实实在在为企业与企业之间的支付结算提供了一条捷径。现金支付、银行卡支付、票据支付作为传统支付结算方式,在目前以及未来很长一段时间内都将是最主要的支付结算方式。

在 1999 年,国内首家网上银行——"一网通"被启动,这是由招商银行发起的。"一网通"实质上是一个比较完善的网络银行服务体系,由网上企业银行、网上个人银行、网上证券、网上商城以及网上支付组成,而电子支付正是起源于此。从这个时候开始,支付方式开始从传统支付方式向电子支付方式过渡。电子支付作为新出现的一种支付方式,是随着时间的推移不断发展的。而在电子商务发展的初期,主要的方式是通过网上银行进行支付。进入 21 世纪以来,信息技术的发展,网络的普及,我国有越来越多的人群开始接触网络,网络用户逐步增多,这个客观实际进一步推动了网上银行用户的增长。

2003 年对于我国的信用卡发展是一个具有特殊意义的年份。在这一年,我国进入"信用卡元年",出现了标准贷记卡。可以说,这种新事物的出现虽然刚刚崭露头角,但已经呈现出良好的发展态势,迅速增长起来。随着经济的发展以及人们生活质量的提高,无论是企业还是个人都在追求一种更加便捷的支付方式。因而,自然而然地,银行卡产品的发展推动了销售点终端交易(POS交易)和自动柜员机交易(ATM 交易)的增长,电子支付开始在中国起步并发展。在这个时期,人们进行电子支付主要的依靠力量是银行。可以说,这一时期,银行起着主导作用。由于这个时候用户多为大型企业,因而主要的支付模式就是其与银行建立起支付接口。随着经济的发展,不仅仅是大型企业需要这样的服务,一些中小商户也有了这方面的需求,这就使得第三方支付也开始介入电子支付领域,将商户和银行联系起来,使得交易更加简便流畅。在这个过程中，POS 交易和 ATM 交易也慢慢出现并逐渐壮大起来。除此之外，发卡市场也有了较快的发展，借记卡的发展规模渐渐壮大，信用卡的发展速度也在不断加快。据中国银联披露的数据显示，中国银行卡总量已经超过美国，成为世界上银行卡数量最多的国家。

2005 年对于我国整个电子支付行业是一个值得纪念的年份。我国进入"电子支付元年"。网上银行支付被越来越多的商家和消费者所认识和接受，网上银行支付日渐成为消费者的首选付款方式。与此同时，电话支付、手机支付、第三方支付等全新的电子支付概念层出不穷，这预示着我国开始进入真正的电子支付时代。

2006 年，电子支付得到了进一步的发展，并在各大城市得到了推广应用，电子支付进入"电子支付 1.0 时代"，电子支付产业快速增长，无论是已有的网上银行支付、电话支付还是新兴的移动支付，这些支付方式都稳步向前发展。而此时电子支付迅速进入以价格战为代表的行业恶性竞争阶段。第三方支付从 2003 年开始起步，2005 年中国第三方支付达到 50 多家，到 2006 年，已经有了一定的影响，商家和消费者都开始接受这种新的支付方式。发展到 2015 年，越来越多的人认识到网络的便捷作用，大部分网民正在使用或愿意接受网上支付。而网上支付的对象由原来以年轻人群体为主体扩展到各个年龄段群体都有。网上支付结构也发生了很大的变化，为传统行业提供的支付服务额度越来越高，而单一的纯粹的互联网业务的比例则显著降低。

随着市场多元化的发展，市场结构发生了很大的变化，越来越多的市场需求被挖掘出来，再加上政府政策的鼓励，电子支付已经从以纯支付网关为业务特色的"1.0"时代逐步发展到一个全新电子支付产业时代，这个时代可以根据人们的现实需要提供完整的支付解决方案，这个时代与"1.0"时代不同，被称为电子支付"2.0"时代。电子支付工具层出不穷，电子支付方式种类多而繁杂，支付平台和支付渠道处于激烈的"圈地"运动中。这个时期的电子支付公司主要着力于差异化竞争。

2010年8月18日,作为第三方支付行业的龙头企业,汇付天下有限公司总裁周晔在中国互联网大会高层年会上表示,互联网的发展进入了一个新的阶段,尤其是3G网络的出现,更进一步推进了网络进入一个崭新的发展阶段,电子支付行业进入了3.0时代。这个时期最鲜明的一个特征是电子支付进入成熟模式,人们可以运用电子支付进行大额交易,不再是单单满足于简单的B2C、C2C的应用,而是可以满足B2C、C2C、B2B甚至是理财业务的应用,可以帮助人们实现足不出户就能生活、工作和理财。这就是电子支付的3.0时代。

到了2015年,经过长足的发展,我国的电子支付行业顺利进入"支付4.0时代"的初级发展阶段,各种具体的有针对性的政策法规还没有真正出台。这个时代以支付宝为代表,据艾瑞统计,仅支付宝和财付通两家,就占了约70%的市场份额。但第三方支付的问题也已经展露端倪,如电商企业担心自己经营信息的泄露。

在电子支付行业高速发展的态势下,"支付5.0时代"或将很快到来。从当前的形势看来,我国的电子支付正处于"支付2.0时代"的初级发展阶段,电子支付工具越来越多,新出现的工具马上取代旧的工具,可谓是层出不穷,电子支付方式种类多而繁杂,支付平台和支付渠道正处于激烈的"圈地"运动中,各种具体的有针对性的政策法规还没有真正出台。

(二)电子支付的含义

电子支付的主体主要指的是从事电子商务交易的当事人,这些当事人可以是个人也可以是集体,包括消费者、厂商和金融机构,通过信息网络,使用安全的信息传输手段,利用银行所支持的某种数字金融工具,如电子现金(e-Cash)、信用卡(Credit Card)、借记卡(Debit Card)、智能卡(Smart Card)等,以数字化方式进行从买者到金融机构、商家之间的在线货币支付、资金流转、资金清算、查询统计等的过程。电子支付系统的操作流程如图 3-1 所示。

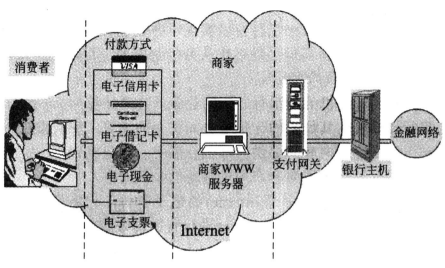

图 3-1 电子支付系统的操作流程示意图

电子支付系统是将购物流程、支付工具、安全技术、认证体系、信用体系和金融体系融为一体的实现电子支付的综合业务系统。整个电子支付系统可谓是一个庞大的体系,其中又包含金融业务规则、相关法律法规、计算机系统、网络安全系统、平台软件和应用软件等。

二、电子支付体系及其特征

(一)电子支付体系

电子商务中信息流、商务流、资金流、物流的全方位流动,电子商务的完整性运作亟待网上支付及其系统的尽快实现。目前在电子商务中出现的包含信息加密措施的支付系统模式近乎十几种,总体可分为以下几类。

1.电子转账支付体系

电子转账付款是一种常见的"即时性"支付,其最大的特点就是能够在用户的操作下直接实现由账户到账户的账务转结,其所有的功能都是围绕用户账户设计与运作的。在电子转账的过程中,我们根据货币支付发起人的不同可以将电子转账分为由付款人启动的转账支付和由接收人启动的转账支付两种。在电子账务支付的过程中,款项的支付人对交易行为和交易信息的确认是电子商务支付过程中的一个重要的环节,为了保证交易的安全和准确需要一些手段进行确认,比如支票或者其他形式的验证信息。因而又可以根据这一特点将电子转账支付系统分为直接转账和电子支票支付两种。电子转账账户关联的是用户的储蓄账户,因此透支的情况是不可以出现的。

2.信用卡支付体系

信用卡支付系统是通过延时付款来实现交易或转账目的的,它与电子支付即时完成付款方式不同,信用卡支付实质上是向用户提供一定期限的短期贷款。每个信用卡都会对应一个固定账户,信用卡支付系统的运作和功能设置都是针对这个账户进行的,在支付过程中用户从自己的账户借款完成资金的支付,这些借用的资金用户只要在规定的还款期限内将借用的款项还给银行即可,这种先消费后付款的消费方式,为消费者带来了很大的便利。在信用卡支付系统中,客户的支付实际上是通过信贷系统完成的,对账务的处理也与支付一样具有延时性的特点。信用卡支付系统关联的是用户的信用卡账户,用户可以从该账户透支一定的资金。

3.电子现金支付体系

电子现金支付系统是一种预先付款的电子转账和支付,该系统的最大的特点是不针对账户进行操作,用户需要用现金换取一定数额的电子货币,在消费时只需要刷卡从余额中扣除相应数额的资金即可,我们常见的公交卡利用的就是电子现金支付系统。一般来说电子现金支付安全性比较强,并且交互性高,能够将货币的价值发挥到最大。

4.移动手机支付体系

该支付系统是中国银联新一代的移动支付,客户可以将银行的账户信息转移到手机之中,利用手机软件或通过网页实现支付功能。手机具备远程消费支付、消费支付、跨银行级别的非现金类业务、电子钱包等功能。通过这种远程消费支付功能,用户的购物、消费可以突破时间和空间的限制,随时随地购买商品。在金融信息系统的支持下,手机移动支付还可以实现转账、查询、汇款以及其他多种需求。

5.第三方支付平台体系

第三方支付指的是一种拥有信誉保障,采用与各银行签约的方式,提供与银行支付结算系统的接口和通道服务并能够实现资金转移和网上支付结算服务的机构。该系统通过与银行间进行商业合作,以银行的支付结算功能作为基础,向政府、企业、事业单位提供中立的、公正面的个性化支付结算与增值服务。

(二)电子支付体系的特征

1.支付方式数字化

电子支付系统一个显著的特征就是采用先进的信息技术,通过数字流转的方式来完成信息传输,在这期间,无论是哪个环节,都离不开数字流转。这正是与传统电子商务最大的不同,传统电子商务的支付是通过现金的流转、票据的转让及银行的汇兑等方式,这些方式都是看得见的方式,属于物理实体的流转。

2.支付平台开放化

对于电子支付系统而言,离开计算机网络系统平台想要达到支付目的是完全不可能的。即使是封闭的网络系统平台也不行,因而电子支付系统运行的一个基本的平台就是因特网。这样能够充分应用各种基于标准的设备,降低成本,并可以利用快速发展的最新技术不断更新、完善系统;而传统支付则是在较为封闭的系统中运作,成本高,应变慢。

3.通信手段先进化

电子支付使用的是最先进的计算机网络通信手段,如因特网、Extranet、无线网等。

而现在电子商务的发展越来越要求高效率和高品质,因而这在客观上要求计算机系统、网络通信设施、相关的软件及其他一些配套设施需要不断更新,只有这样才能满足电子支付对软、硬件设施的高要求,这一点恰好是传统的支付方式远远达不到的,因而也是电子支付优于传统支付的地方,同时也是电子支付与传统支付最大的不同。传统支付只是利用传统媒介作为支付工具。

4.支付优势明显化

与传统的支付方式相比,电子支付具有方便、快捷、高效、经济的优势。在日常生活中,甚至可以足不出户,只要拥有一台上网的 PC 机、手机,便可在任何地点、任何时间迅速完成整个支付过程。支付费用仅相当于传统支付的几十分之一、几百分之一,甚至免费。

三、电子支付体系的功能

在不同的环境下,电子商务支付体系的基本构成也不尽相同。但无论是在什么情况下,电子商务支付总会以追求安全、有效、方便、快捷的支付为目标。对于一个比较常见的电子商务支付与结算系统而言(可能专门针对一种支付方式,也可能兼容几种支付方式),它至少应该具有以下四种基本功能。

(一)实时在线支付功能

此功能是电子支付系统最基本的功能,符合最基本的网上交易需要。也就是要得到客户和商家的认同,使双方共同感受到快捷,显示出与传统商务的不同之处,从而更好地发挥网上支付的优点。

(二)安全保密功能

支付系统一个最受人关注的地方就是其安全可靠性。试想,如果客户在进行一次支付之后由于系统的不安全性泄漏了自己的信息,那么谁还会进行第二次尝试?因而,从电子支付系统出现至今,之所以能够一直存活,其中很大一个原因就是它的安全值得信赖。在整个支付过程中,客户、商家、银行各交易实体间信息的机密性、完整性、可认证性以及交易行为的不可抵赖性都始终贯穿其中。即应能够使用加密技术,对相关支付信息进行加密,以防未被授权的第三者获取信息的真正含义;应能够使用数字签名和数字证书实现对参与各方的认证,以证实身份的合法性,防止支付欺诈;应能够使用数字摘要算法确认支付信息的完整性,以保护数据不被未授权者建立、嵌入、删除、篡改、重复等,而是完整地到达接收者。

(三)方便实用的功能

系统应方便支付结算过程参与各方的使用。特别对客户来说,手续与过程不能太烦琐,应无须客户掌握更多的专业技巧和复杂的操作程序。

(四)客户及商家管理功能

系统为客户提供开通注册、注销、修改、查询交易明细、交易统计分析。同时,系统为商家提供开通注册、注销、修改、查询商家数据、商家统计分析。

第二节　中国国内电子商务支付系统与工具现状

电子支付工具泛指电子支付媒介(交易卡)。随着科学技术的发展,电子支付工具越来越丰富。目前电子支付工具有电子现金、信用卡、电子钱包、借记卡、智能卡、电子支票、电子汇票及电话卡等。

一、我国电子支付系统

目前,中国基本上已经建成以下几类电子支付结算系统。这些系统的相互配合与应用不但形成了中国的现代化电子支付与电子银行体系,而且基本上也能直接或间接地为基于互联网平台的电子商务提供支付结算服务,成为我国目前发展网络支付结算方式的基础。具体如下:

(1)同城清算所系统

本地或同城支付是通过同城清算所进行处理的,所有同城跨行支付和大部分行内支付交易是通过同城清算所进行交换和结算的。

(2)互联网支付服务组织业务系统

互联网支付服务组织业务系统是以互联网为依托,采用第三方支付方式,可以安全实现从消费者、金融机构到商家的在线货币支付、现金流转、资金清算、查询统计等功能的业务系统。

就当前情况看来,在我国范围内,以大额支付系统为核心、商业银行行内系统为基础、其他支付结算系统为补充的支付清算网络(图 3-2)已经基本形成,无论是从效率上而言,还是安全度上而言,相对于以往电子支付都有很大程度的提高。

(3)全国手工联行系统

商业银行的手工联行系统主要接受和办理贷记、借记支付业务,而人民银行主要致力于办理各个分行以及支行之间的资金划拨。

(4)全国电子联行系统

全国电子联行系统又称 EIS,与传统支付相比一个显著不同的地方是,传统支付由于使用纸质票据因而使信息传输变得迟缓,同时也使得清算流程过分繁琐,这就使得资金流转缓慢,甚至有时处于滞留状态,占用了大量资金。而全国电子联行系统则可以避免传统支付中的这些弊端,使得资金流转顺利进行。

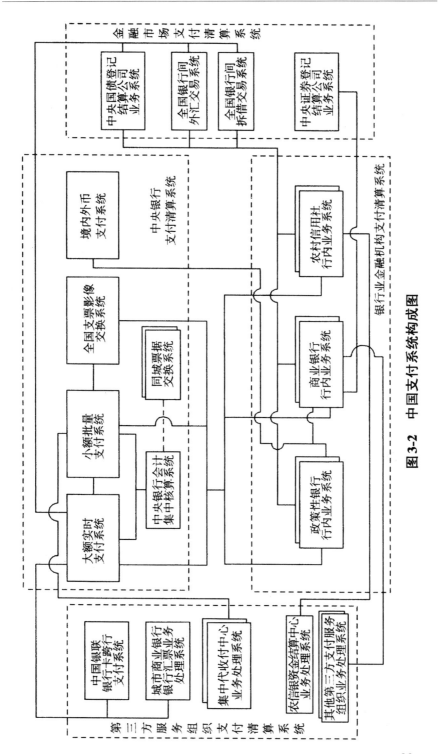

图 3-2 中国支付系统构成图

（5）电子汇兑系统

电子汇总系统的主要业务就是通过采用电子化的方式进而对资金进行汇兑处理。在目前看来，我国的大型银行都采用这种系统。如工商银行、农业银行、建设银行、中国银行等。

（6）银行卡支付系统

银行卡支付系统是指利用银行卡进行支付，而方式就是通过ATM提现和POS支付。而实现这种支付的核心是卡上的磁条技术，授信方式为脱机电话授信。

（7）邮政储蓄汇兑系统

在日常生活中，我们都清楚地知道，邮政局主要提供的是信汇和电报汇款，也就是说，去邮政局办理业务的大都是单独的个人，而不是大型的企业。如果要进行汇款，通常的程序是，汇款人带需要汇出的现金到邮局办理汇款手续，而在进行汇款后，由邮局出面通知收款人到指定的邮局进行领取款项。当然，除了带现金这种方式，也可以从邮政储蓄账户进行款项转出转入从而实现汇款。

（8）中国网上支付跨行清算系统

2011年1月，由中国人民银行建设的网上支付跨行清算系统正式建成并在全国推广，目前已有120多家商业银行法人机构加入系统办理业务，基本覆盖我国已开通网上银行业务的各商业银行。

为提高网上支付的跨行清算效率，提升商业银行网银服务水平，更好地履行中央银行的支付清算职责，网上支付跨行清算系统（Internet Bank Payment System，IBPS）于2010年8月30日在全国正式上线运行。网上支付跨行清算系统是中国人民银行推出的又一人民币跨行支付系统，客户通过网上在线方式选中所需商品和服务，然后通过该系统进行处理已提交的零售业务，这些零售服务不仅仅包括支付，同时还包括对商品物流信息的追踪和查询。

二、我国电子支付产业的发展现状及主要电子支付工具

(一)我国电子支付行业发展现状

政策日益明确完善和计算机的普及是我国电子支付市场快速发展的主要原因。从基础设施的成熟度来看,我国早已具备了开展电子商务的条件。同时,在法律手段方面,中国电子签名法的实施使得支付活动更加有法可依。中央银行发布的清算管理办法,以及随着我国电子商务标准化工作的成功启动,我国电子商务安全认证体系逐步形成,电子支付渠道实现不同账户间资金所有权的转移。我国的电子支付产业从最初的新生逐渐壮大成熟,经历了激烈的市场竞争,最终由野蛮走向成熟,由无序变为有序,逐渐形成一个成熟、份额集中的电子支付生态圈。

由于国内国际经济形势的发展变化,在近些年来出现了许多电子支付行业,可以用欣欣向荣、蓬勃发展来形容这些行业现在的发展态势。但众多形式各异的同类企业的出现必然会引起激烈的竞争。因而,目前存活下来的电子支付公司基本上是经历了一轮激烈的市场淘汰战之后留下来的,大体上,可以将这些电子支付企业划分成两种:第一种是从总公司业务中衍生出来、得以发展壮大的,如支付宝、财付通、银联电子支付;第二种是独立的第三方支付平台,如快钱、易宝支付等。在目前的市场形势看来,支付宝、财付通、银联电子支付、快钱是电子支付企业中的四大巨头,基本上垄断了目前 70%以上的电子支付市场份额。相比之下,其他独立的第三方电子支付平台份额就远远不及这四大巨头,都在试图寻求并拓展新的支付市场空间,通过走与众不同的路线来谋求在市场上的立足之地。支付宝的出现和壮大正是依附于淘宝网和阿里巴巴。但随着支付宝的不断壮大,近年来,它已经不再仅仅依赖于淘宝网,而是将眼光放得更为广阔,注重加强与其他电子商务网站的合作,并积极扩展海外市场,其日益深

化的信用体系也增强了在用户心目中的地位,特别是在 2013 年 6 月阿里巴巴控股天弘基金,开始涉入金融基金业务,推出的"余额宝"理财业务,取得了极大的成功,引爆了中国互联网金融革命;财付通依托于腾讯网络游戏业务和拍拍网的业务而高速增长,特别是开始建立基于微信社交圈的微信支付,极大地推动了移动支付业务的发展,取得了与支付宝"异曲同工"的效果;银联电子支付因为依赖于中国银联这样一个强大的官方背景,可信度更高,因而拥有较为广大的用户群;快钱作为独立的第三方支付平台,提供了多样化的支付解决方案。

我国电子支付产业的起步较晚,与一些发达国家的电子支付交易相比较,差距肯定是存在的,但就我国自身而言,可以说,电子支付已经处于一个高速发展阶段。

(二)我国主要的电子支付工具

(1)银联商务。银联商务有限公司,它是我国十大第三方支付平台之一,其主要业务是从事银行卡受理市场建设,并提供综合支付服务,由中国银联控股,在全国范围内从事银行卡收单专业化服务,同时它是人民银行钦点的重点支付机构之一。

(2)支付宝。支付宝(中国)网络技术有限公司,国内最大的独立第三方支付平台之一,是由阿里巴巴集团创办,中国互联网产业影响力品牌,中国主流的第三方网上支付平台,用户最信赖互联网支付平台,中国优秀支付解决方案提供商。

2004 年,支付宝认识到电子支付作为电子商务基础服务的价值,开始独立运作,并逐步对淘宝以外的商家进行开放。2006 年支付宝推出了"支付宝卡通"服务,将银行持卡人的账户与支付宝账户绑定。在 2013 年 6 月 13 日,支付宝与时俱进地推出了"余额宝"业务。余额宝是金融机构与互联网合作产生的新的增值模式和业务,这拉开了各家金融机构角逐互联网金融市场的新的历史帷幕。

发展到 2015 年,与支付宝有相关业务来往的金融市场不仅仅局限于国内市场,还扩大到国外市场,国内外 180 多家银行以及 VISA、MasterCard 国际组织等机构均与余额宝建立起战略合作关系,这同时也为余额宝的可信度增值。

(3)财付通。财付通支付科技有限公司,十大第三方支付平台之一,是腾讯公司旗下品牌,在 2005 年 9 月,财付通作为专业在线支付平台被正式推出。针对个人用户,财付通提供了在线充值、提现、支付、交易管理等丰富功能;针对企业用户,财付通提供了安全可靠的支付清算服务和极富特色的 QQ 营销资源支持。在 2011 年,财付通与支付宝同时成为第一批获得中央银行支付牌照的企业。2013 年 8 月与微信联合推出的一款创新支付产品——微信支付,不仅全方位地提升用户的移动支付购物体验,更为合作商户提供了多种选择。

(4)银联在线。在 21 世纪初,银联电子支付服务有限公司成立。其最大的股东是中国银联。这样雄厚的背景使其拥有面向全国的统一支付平台,属于我国十大第三方支付平台之一,银联支付也是我国电子支付行业的先行者,将科技运用到支付领域,将其与专业的金融服务紧密结合起来,同时在业务上不断推陈出新,最终建立起更加适合多方面需要的多元化的支付服务体系,从而为广大的持卡人提供更加便捷的银行卡支付及资金结算服务,使得交易更加流畅便捷。

(5)易宝支付。易宝支付有限公司,十大第三方支付平台之一,网民最信赖的支付品牌之一,中国证券投资基金行业协会会员,首批央行颁发的支付牌照,曾获得中国电子金融事业最高荣誉——"金爵"大奖,致力成为世界一流的交易服务平台。易宝支付(YeePay.com)是中国行业支付的开创者和领导者,也是互联网金融和移动互联领军企业。

2003 年 8 月由北京通融通信息技术有限公司创建。从易宝支付诞生以来,就一直以为广大商家以及消费者提供"安全、简单、快乐"的专业电子支付解决方案和服务为最终目的。YeePay 易宝以"三易"为主要特点,也就是:易扩展、易保障、易接入。

2005 年年底,易宝通过与银行合作在国内首创了电话支付模式,如果消费者要订购一张机票,那么可以现在航空公司或代理公司进行订票(但不进行付款),然后通过打电话的方式,根据自动语音提示来完成付款,拨打的电话就是与航空公司有连接的银行统一特服电话。由于这种方式相对于网上支付更加安全,因而很快得到了广大用户的认可,易宝开始由此获得市场认可。

值得一提的是易宝支付首创"绿色支付,快乐生活"的理念,实践"绿色支付,人人可慈善"的理念,为创建爱心、和谐的互联网环境尽一份责任。

在 2015 年,易宝支付的业务合作方涉及航空旅游、数字娱乐、教育、快消连锁、保险和电信等领域。

(6)贝宝(PayPal)。PayPal 成立于 1998 年,是全球最早建立的第三方支付平台,总部设在美国加利福尼亚州的圣何塞,2002 年由 eBay 收购。

"贝宝"从刚开始出现就对 PayPal 的一些制度进行了沿袭,如针对卖家收取一定比率的佣金,这作为 PayPal 的一种盈利方式被"贝宝"沿袭下来。而淘宝的出现对这种制度造成了明显的冲击,淘宝承担了本来应该由卖家承担的支付费率,所以,"贝宝"在这样的冲击下很快衰落了。到 2006 年年底,贝宝最终随着易趣控股权一起被卖给了 Tom Online,随即也被易趣弃之不用。

从 2009 年开始,PayPal 中国就已经瞄准了海外市场,尤其关注那些致力于不断尝试进军海外市场的网络游戏客户。譬如国内的网络游戏企业可以利用 PayPal 开放的应用平台,从而将 PayPal 的支付功能直接植入到其游戏页面中,使玩家能够进行虚拟商品的交易等。2010 年 4 月,PayPal 与阿里巴巴达成战略合作伙伴关系,PayPal 成为阿里巴巴"全球速卖通"平台的支付方式之一。尽管阿里巴巴旗下已经有支付宝,但 PayPal 为拓展海外业务的中国公司提供支付服务具有无法比拟的优势。

第三节 电子商务支付体系构建国际经验研究

一、国外电子网络支付系统

(一)SWIFT

SWIFT 环球银行金融通信系统是环球银行金融电信协会 (Society for Worldwide Inter—bank Financial Telecommunication)为实现国际银行间金融业务处理自动化而开发的。

这个组织是一个国际性的合作组织,主要目的不是为了盈利,而是为了谋求全世界各成员银行金融机构相互之间的共同利益,按照工作关系将其所有成员组织起来,按比利时的法律制度登记注册,总部设在比利时的布鲁塞尔。

SWIFT 系统的一个重要特点是采用国际标准的通信格式,这种格式很容易被各大银行所掌握,因而这种格式得到很广泛的采用。这也正是 SWIFT 系统能在全球范围内站稳脚跟,并提供 24 小时全天服务的重要依据。据报道,如果一项业务(外来电报信息)用人工来处理,需要 1.5 小时,那么,如果采用 SWIFT 系统则仅仅需要 2 分钟,从这个报道中可以看出,SWIFT 系统处理信息具有很高的效率。系统还可向用户提供多种报告,如日常活动报表、未达信息报表和信息状态报表,并可函索出错报表、排队状态报表和交付状态报表,以帮助银行保持对日常业务的有效控制。

(二)CHIPS

纽约清算所银行同业支付系统(Clearing House Interbank Payment System,简称 CHIPS),它在 20 世纪 70 年代成立,是一

个著名的私营跨国大额美元支付系统,如果跨国美元需要交易,这个系统就承担着主要的职责。因而在跨国美元交易上,CHIPS是一种主要的结算渠道。在全球范围内看来,通过CHIPS处理的美元交易额约占全球美元总交易额的95%,由于主要针对的是美元交易,因而这个系统其中一个重要的职能就是维护美元的国际地位、国际资本流动的效率及安全。

(三)FEDWIRE

美国联邦储备通信系统(Federal Reserve Communication System,通常称为FEDWIRE),是在1913年成立的。在全美境内通用,并承担着主要电子支付职能的主系统。FEDWIRE相对于其他支付系统而言具有功能齐全的特点,不仅仅能够提供资金调拨处理,同时还具有清算功能。

(1)资金转账(Funds Transfer)信息,也就是对储备账户余额进行转账,一般转账的资金数目较大。

(2)对美国政府和联邦机构的交易联系起来,并进行信息传输。

(3)联邦储备体系中,通常会包含管理信息和调查研究信息,对这些信息进行传输也是FEDWIRE的功能之一。

(4)自动清算(ACH)业务。

(5)批量数据传送(Bulk Data)。

(四)ACH

这是美国自动交换中心(Automatic Clearing House)的简称,它的覆盖面非常广泛,在整个美国都有使用。ACH实质上是一个电子清算系统,主要接受的业务是银行间票据交换和清算,目的是为了保证票据的高效和安全问题,这就可以避免纸质支票的低效和安全问题。ACH的应用领域比较宽阔,如工资结算,政府发放福利津贴以及保险公司保险费用结算,消费者购物消费,金融机构抵押分期付款及利息的支付,或者是企业与企业之间进行贷款结算等,都会利用到 ACH,涉及面广阔,可以说达到政府企业,小到普通的社会成员。

(五)SIC

瑞士同业清算(Swiss Interbank Clearing System,简称 SIC),是由瑞士国民银行经营的全额、实时、无透支的大额支付系统,SIC 旨在为银行同业之间的转账提供清算服务,不接待这之外的清算业务。一般而言,对资金进行转移时采用全额划拨的方式。与 FEDWIRE 很相似的一点是,SIC 也是一个全额、实时清算系统;但 SIC 之所以能够独当一面,有说明它并不完全等同于 FED-WIRE,而是与 FEDWIRE 有着很大的不同,这就是:瑞士国民银行不为商业银行提供透支便利。这里有必要进行进一步的说明,也就是说,如果付款银行在清算账户上没有足够的余额,那么无法执行支付指令。交易也就无法发生。

由于上述提到的 SIC 与众不同的特点,使得中央银行的信用风险大大降低,这就在客观上对商业银行本身提出了一个更高的要求,要求商业银行注重自身的管理,提高信用度。当然,任何事物都是利弊共存的,这种方式的弊端就是灵活度不够,这就大大降低了支付系统的效率,许多资金在转移过程中被滞留,无法及时完成。

(六)BOJ-NET

日本银行金融网络系统(Bank of Japan Financial Network System,简称 BOJ-NET)由日本银行经营,清算也是通过中央银行货币转移进行。BOJ-NET 实质上是一个结算系统,内含两种不同的结算方式。一种是全额、实时、无透支的系统,也就是说如果去办理业务而没有达到规定的资金额度,那么系统就会进行自动识别,不予办理。另一种结算方式是定时、差额结算。这种方式相对于第一种而言,应用更为广泛,处理的业务量也较大,大约是第一种的 50 倍。

二、国外移动支付

（一）日本移动支付

日本最先发展移动支付的当属 NNT DoCoMo 公司与 Sony 公司，当时这两大公司联合推出了"i-mode Felica"移动钱包方案，这一方案的推出无论是在日本电子商务历史上还是在国际上都具有十分重要的意义，它是日本电子支付的开端，开辟了日本移动支付的新时代，在当时，该移动钱包主要应用于购物、交通支付、票务、公司卡、身份识别、在线金融等方面，而其合作伙伴遍及多个领域，都是与民众生活息息相关的各大行业领域，如连锁便利店、全日空、东日本铁路公司、航空公司、票务公司 PIA 等。其后，DoCoMo 公司对"手机钱包"进行了进一步的完善和发展，对"手机钱包"和信用卡进行了"捆绑"，也就是说，在进行信用卡支付时必须要通过手机验证码的验证。除了 NNT DoCoMo，日本另外两大移动运营商 KDDI 与 Vodafone 也加入了 Felica 阵营，并与金融领域进行更深层次的合作。

（二）欧洲移动支付

欧洲是网络技术比较发达的地区，随着 3G 网络技术的出现和普遍应用，一些大型移动运营商认识到移动支付广阔的发展前景，因而也争相跻身到这个商机中来，开始积极推广移动支付业务。下面就以一个欧洲国家——芬兰为例。早在 2002 年，芬兰最大的电信运营商索内拉公司最先开始向市场投放手机支付服务，人们可以足不出户，通过手机就可以对网上选中的物品进行付款支付，这大大提高了生活的便捷度。一开始，索内拉公司只与区区数十家实体店铺有绑定业务，随着人们的需求不断扩大，以及移动电子商务的进一步发展。索内拉公司开始与越来越多的企业有了联系，并被越来越多的居民所接受。

（三）美国移动支付

在移动电子商务与移动支付方面，美国已经走出初创期和发展期，可以说正在逐渐向成熟期迈进，少了发展期的激进，多了成熟期的沉稳。关于美国移动支付的发展，最显著的事件就是美国关于手机电子支付的几次现场试验。如 2005 年 12 月，美国最大移动通信运营商 Cingular 同诺基亚、大通银行、Visa 美国和亚特兰大的若干运动队和运动场等合作推出一个试点项目，虽然美国相对于欧洲国家以及我国电子移动支付发展遥遥领先，但是相对于日本和韩国而言，可以说小巫见大巫，远远不能比肩而论。

（四）韩国移动支付

韩国的移动电子商务在整个世界而言都是遥遥领先的。全国手机用户占国家总人口的 82％，宽带普及率世界最高，在电子商务基础设施方面，达到了世界公认的顶级水平。而能够有这样的成就其中最重要的一点就是政府的大力鼓励和支持。韩国的移动运营商采取了与金融机构合作的方式开展移动支付业务。韩国的三大移动运营商 SK、KTF、LG 分别于 2004 年 3 月、2004 年 8 月、2003 年 9 月联合金融机构采用红外线技术开展移动支付技术，后因移动运营商和金融机构之间的矛盾导致合作破裂。2007 年双方再度携手，SK 联合 Visa、KTF 联合 MasterCard 重新推出移动支付业务。另外，在移动支付的发展过程中，韩国政府通过一些政策的制定以及鼓励，对于其国内移动支付的发展起到了很大的影响作用。甚至可以说是关键作用。政府为了鼓励电子支付的发展，出台了一系列政策措施，对支持手机近端刷卡支付的商户可享受消费退税 2％ 的优惠政策；同时在一些税收措施上进行进一步的鼓励，鼓励零售、餐饮、宾馆等行业积极采用移动支付手段——主要是手机支付，但如果这些行业的商户并为采纳电子商务作为支付手段，那么就会被列为重点税务检查对象。

第四节　电子商务支付体系构建与有效运行

一、电子商务支付体系构建的原则

支付是经济活动中的一种方式和手段,它的目的是清偿债权债务关系。电子商务支付系统作为电子商务系统中特殊的构成,为了保证电子商务支付系统功能的完成,在其建设中有如下需要注意的原则。

第一,注意支付方式的社会接受性。

开发的支付系统最后是提供给客户、商家等收付款人来使用的,因此所选的支付方式必须是他们能够接受的。

第二,要考虑系统使用的便捷性。

作为向客户和商家提供的支付系统,为了吸引他们使用,开发的系统应方便用户的安装和使用,无须用户掌握更多的技巧,复杂的操作程序即可使用。

第三,将系统的安全性放在重要位置。

支付的过程是一种货币的转移过程。所以支付系统的安全性在电子商务系统中等级应是最高的。支付系统的安全性应能够保障支付双方的利益不受损害,支付过程能够顺利完成。

第四,对支付系统的可靠性要重视。

网上系统都不可避免地有网络故障、数据破坏和数据重复等与可靠性有关的问题。但这样的问题对于支付信息是致命的,是必须解决的。

二、电子商务支付体系的流程构建

(一)网络银行的支付流程构建

1. 注册开户

注册开户是指向银行申请成为其网上银行的签约客户。只有申请注册成功的签约客户才能享受网上银行提供的各项服务。下面以中国工商银行为例,介绍个人网上注册和企业网上注册的流程和方法。

(1)个人客户在网上银行注册开户

凡拥有中国工商银行个人牡丹卡、灵通卡、商务卡、贷记卡和"理财金账户"卡的客户均可向中国工商银行提出个人网上银行注册申请。客户可直接到营业网点填写申请表并办理注册手续,也可以通过中国工商银行网站实现网上自助服务注册。

第一,柜台注册。

在柜台办理网上银行个人客户注册手续时应提供如下资料:所需注册的本地牡丹卡或"理财金账户"卡;申请人本人有效身份证件;开通特定功能所需的协议;其他所需的资料。

第二,网上自助注册。

客户也可以通过银行网站实现网上自助注册,按照网站所提示的具体步骤一步一步地完成。客户一旦在网上自助注册成功,当日即可使用中国工商银行个人网上银行系统。但如需要开通对外转账功能,仍需本人持有效身份证件到银行的营业柜台办理。

(2)企业客户在网上银行注册开户

在网上银行注册的企业必须是在该行开立有存贷款账户的客户,包括企业、社会团体、行政事业单位等。按企业规模及服务内容可将客户划分为一般客户和集团客户两大类。

申请办理企业网上银行注册时,应仔细阅读《中国工商银行网上银行业务章程》和《中国工商银行网上银行企业客户服务协议》及有关介绍材料,并按下列程序办理:准备申请材料;银行审批;领取客户证书和密码信封;办理各分支机构账户查询、转账授权书的核实。

(3)在第三方支付平台上注册

使用第三方平台进行交易,必须在第三方支付平台上进行注册,下面以支付宝为例,介绍在第三方平台的注册流程。

第一,打开支付宝网页,点击"注册"按钮。

第二,注册方式有电子邮箱注册和手机注册两种,选择注册方式,如果选择的是电子邮箱注册,流程如下:①按照页面的信息如实填写注册信息;②点击"同意条款并注册"按钮,支付宝会自动发送一封激活邮件到注册时填写的邮箱中;③登录邮箱,点击邮件中的激活链接,激活刚才注册的支付宝账户;④激活成功后,支付宝注册成功。注册成功以后,就可以在购物网站上选购商品,进行交易了。

2.交易流程

(1)客户在企业电子商务网站的支付

对于拥有自己的电子商务网站的企业,客户可以直接在网上下订单,进行支付完成交易。这种网站的支付方式有很多,有传统方式的电汇、货到付款等,也有现代支付方式,如手机支付、网上支付等。下面介绍的是利用网上银行的网上支付服务进行的支付。

客户在该网站注册成功以后,就可以登录该网站,选择自己需要的商品,将选择的商品放入购物车,确定商品的数量,然后下订单,确定订单号,再选择支付方式;进入支付平台或直达银联网关,进行网上支付,支付成功后,等候商家发货,整个交易完毕。

当然,由于企业电子商务网站的实力和建设程度不同,其支付流程也有稍微的不同。目前各个电子商务网站都采用人性化设计,为客户考虑,在完成注册和交易的每一个步骤后都设置有信息提示,以保证客户交易得以顺利完成。

(2)客户与银行特约商户之间的支付下面以中国工商银行网上商城 B2C 支付为例进行说明。

第一,客户成功注册网上银行之后,就可以登录中国工商银行主页,选择"个人客户版"选项后,下拉页面即可看到网上商城。

第二,进入网上商城,选择自己需要的商品。

第三,选择好商品,如实填写收货信息。

第四,确认并提交订单,就进入支付页面,点击"工商银行网上支付"按钮,进入下一页面。

第五,填写支付卡号和验证码,点击"提交"。

(3)利用第三方支付平台的支付

第三方支付是目前十分普遍的一种支付方式,其与网络银行的区别在用户与款项接收者之间加入了一个独立的第三方信用机构。第三方的信用机构能够将陌生的交易者连接起来,增强双方交易安全性,是一种现代化的交易手段。第三方支付平台可以为用户提供操作简便的客户端,并将多个银行的功能全部纳入到自己的交易体系之中,能够最大程度的满足不同用户的消费与转账需求。第三方交易平台的兴起,极大地刺激了零售领域的交易需求,在消费安全有保障的前提下,人们可以随心所欲的购买自己喜欢的产品。

(二)电子转账网上支付业务流程构建

纸制支票是传统的支付凭证,无论是在交易货款的结算上,还是用户个人的资金支付中,纸制支票都起着十分重要的作用。电子支票与纸制支票都是用户支付的工具,二者的区别不仅仅体现在制作的材质上,而且还体现在支付的方式以及用户信息的保存方式上。电子支票是由客户计算机内的专用软件来生成的,主要包括的内容有支付数据(支付人、支付金额、支付起因等)、支票数据(出票人、收款人、付款人、到期日等)、客户的数字签名、CA

证书、开户行证明文件等。支票是银行支付持票人资金的一种信用凭证,也可以看作是客户在开户行开户并储蓄或运转资金的一种凭证,银行在见到支票后要无条件向持票人支付票面金额的资金。

电子转账网上支付业务主要是电子票据,对于电子支票的流程设计如图 3-3 所示。

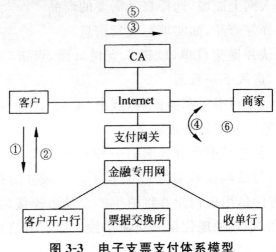

图 3-3　电子支票支付体系模型

1.预备工作

客户与开户银行、商家与开户银行之间密切协作,通过严格的认证阶段,如相关资料的认定、数字证书的申请与电子支票相关软件的安装应用、电子支票应用的授权等,以准备利用电子支票进行网络支付。

2.客户的购买阶段

(1)客户利用网络对商家的服务器进行访问,商家通过这个平台向客户介绍他所出售的商品。

(2)客户选中心仪的商品后提交订单向商家发出电子支票。

(3)商家通过认证中心对客户购买物品进行确认,并通过开户银行对支付进行认证。

（4）通过对电子支票进行确认后,商家接受业务。

3.商家索付阶段

商家把电子支票发送给自己的开户行。商家可根据自己的需要,何时发送由其自行决定,只要在电子支票使用期限内就行。

4.行间清算兑换阶段

（1）商家的开户行把电子支票发送给票据交易所的资金清算系统,然后将电子票据兑换成现金,从而便于清算。

（2）票据交易所向客户的开户行兑换支票,并把现金发送给商家的开户银行。

（3）商家开户银行向商家发出到款通知,即资金入账,而客户的开户银行则向客户发出付款通知,即为客户下账。

（三）电子现金支付系统流程设计

当前已开发的电子现金支付系统大致可以分为两类,这两类又分别采用了不同的手段。

1.电子现金的类型

（1）硬盘数据文件形式的电子现金

就目前的技术手段和交易模式来说,最常见的实现电子现金交易的手段是利用数字信息技术将现金数额转化为一种数字信息,代表货币使用。在使用电子现金进行支付或交易时,只需要从用户的账户中扣除相应数额的资金就可以完成整个支付过程,从而大大简化交易的程序,提高交易的效率。

（2）IC 卡形式的电子现金

另外一种常见的电子现金实现模式我们非常熟悉,即 IC 形式的电子现金实现模式。这类电子现金需要用户实现持现金存入自己的账户内,在消费时用户只需要在 IC 卡客户端计数器数卡扣除相应的资金数额就完成了整个交易的过程。IC 卡电子现金交易方便,形式灵活能够很好地适用于不同的消费领域,我们常见的公交卡就是这种形式的电子现金交易。

2.电子现金的支付流程

以网络化的智能卡电子现金为例,网上购物的支付系统结构如下所示(图 3-4)。

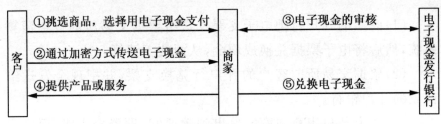

图 3-4　电子现金的网上支付流程示意图

(1)用户购买和存储电子现金

用户购买电子现金时,只需要利用客户端与银行端的电子现金管理系统和应用系统,遵照购买兑换步骤的提示完成。

如果用户没有在电子现金发行银行开户,为了获得电子现金必须要求他的开户行把等量的存款转到电子现金发行银行,由发行银行给用户发送电子现金。

如果用户在发行银行开设有账号,并存有一定量的资金,在这种情况下,只需要发行银行直接把资金从用户的传统账户转到电子现金账户中。

用户存储电子现金,是指用户使用客户端电子现金应用软件在线接收从发行银行兑换的电子现金,将其存放在客户机硬盘上(或电子钱包、IC 卡上)以备随时使用。

(2)用户选购商品或服务

用户获得电子现金后,就可以从同意接受电子现金的网上商家选购商品或要求服务,并选择用电子现金支付。

(3)用户用电子现金支付

用户利用商家的公开密钥对电子现金进行加密后,将其传送密钥给商家。商家收到电子现金后,通过商家服务器端安装的电子现金应用系统,先利用自己的私有密钥解密用户的支付信息,以确认电子现金的有效性,然后向用户提供相应的商品或服务。

(4)商家兑换电子现金

商家在收到电子现金后,可以随时与电子现金的发行银行进行结算,将其兑换成等值货币;也可以先将其发送给开户银行,由开户银行负责在电子现金发行银行兑换,再由发行银行把兑换后的等值货币发送给商家的开户银行,由商家的开户银行为商家记入账户。

第四章　电子商务安全研究

电子商务运营的安全性关系到企业的电子商务工作是否能够正常的开展，为了保证顾客和企业的双重利益，企业要保证电子商务运营的安全性。电子商务的安全运营不仅要求企业对其运营的安全要求、安全体系，所蕴含的风险及问题都有一个明确的认识，还要求企业准确地把握电子商务安全运营的技术，只有多方入手、综合防范才能保证电子商务运营的安全。

第一节　当前电子商务面临的安全环境

一、电子商务安全内涵

电子商务与传统销售渠道的一个重要区别是，它只是运用信息技术来对商业信息进行传输和处理。因此，对于电子商务的安全维护也主要是从两方面来进行的，一部分是计算机网络安全，另一部分是商务交易安全。

计算机网络安全包括多个不同的部分，主要有计算机网络设备安全、计算机网络系统安全、数据库安全等。计算机网络本身就存在很多潜在的漏洞和威胁，因此计算机网络完全的主要任务就是：及时找到和发展这些漏洞，给找到相应的解决方案，保证电子商务交易的安全。

对于商务交易安全来说，其主要针对的是传统商务在互联网上运营时产生的各种安全问题，如电子交易安全和电子支付安全等，在保证计算机网络安全的基础上,全面保障电子商务的顺利进行。

在电子商务安全运用过程中,计算机网络安全与商务交易安全之间是相互配合的,共同实现电子商务的顺利实行,二者相辅相成,缺一不可。网络安全是保证电子商务安全的基础,二者之间存在一定的区别,主要表现在两点:第一,互联网是一个虚拟的社会,其本身就存在着很多的安全隐患,即使管理者会定期对其进行维护,但是也不能保证网络是绝对安全的,在这种情况下,存在于网络安全基础上的电子商务安全也必然会受到影响。第二,即使互联网安全是绝对的,那也不能保证电子商务的交易安全进行。因此,对于电子商务安全来说,除去基础的要求之外,通常还会对其进行一些特殊的要求。

安全具有多个不同的等级,从下至上依次有密码安全、局域网安全、互联网安全和信息安全等。信息安全会涉及完整性、认证性和机密性等多个方面,电子商务安全就包含在其中。电子商务安全的维护主要是以电子交易安全和电子支付安全为核心,无论是在机密性还是身份认证上都有更严格的要求。此外,电子商务安全还具有法律依据性和货币流通性的特点,并且对数字时间等服务也有着特殊的要求。这几个安全概念之间的关系如下图所示(图 4-1)。

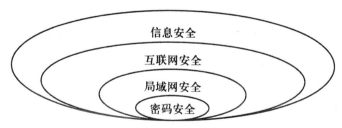

图 4-1　安全概念基本关系示意图

二、电子商务安全运营要求

对于从事电子商务的人来说,不管是买方还是卖方,其所关心的一个最重要的安全问题就是对方是否是真实存在的,在交易实行的过程中是否存在隐私信息泄漏的风险,企业的服务器是否会受到攻击而导致瘫痪等。关于电子商务的安全要求主要有以下几个方面。

(一)交易的真实性

交易的真实性指的是,在电子商务交易开始之前,从事交易的双方能够确认对方是真实存在的。由于电子商务的所有交易活动都是在网上进行的,因此实际上交易双方都是在和虚拟的对手进行交易。在这个过程中,可能存在的风险是,从事交易的双方的真实身份是否与其在网络上的资料相吻合,是否存在欺诈的可能性。

交易的真实性会涉及电子商务系统中的认证。所谓的认证与现实生活中交易中的"中人"或"保人"相类似,买卖双方可能都会对对方有怀疑,但是只要他们都信任"中人"——CA,并且 CA 还可以证实双方的身份,那么买卖双方就可以获取彼此的信任。需要注意的是,认证的过程必须要有一定的证据来加以证明,通常情况下这些证据就是一些相关的密码、数字签名等信息。

(二)交易的保密性

交易的保密性又被称为交易的隐私性,指的是确保交易双方的信息在网络传输或存储的过程中不被他人所窃取。在传统的交易活动中,如商务合同、信用卡号码、交易机密等敏感性的数据可以通过文件的封装或是其他的一些可靠的途径来进行传递,以此来保证数据的安全。但在网络这种开放的环境中,由于 TCP/IP 协议采用 IP 报文交换的方式,因此就会产生数据被窃取的可能性,在电子交易的过程中确保交易数据的保密性也就显得尤为重要。

电子商务交易的保密性主要是通过"数据不被窃取、窃取不被破译"的思路来进行的。也就是说,"数据不被窃取"是通过防火墙、IPSec 等手段来实现,而"窃取不被破译"则主要是通过利用各种数据加密手段,例如 DES、RSA 等来实现的。

(三)交易的完整性

交易的完整性指的是,确保交易的数据在传输的过程中不会被恶意或意外地改变、毁坏。尽管交易的保密性可以保证具体的交易数据不会被窃取,但是却不能保证在传输的过程中不会出现某种意外或是遭到恶意的破坏,并且也很难保证数据传输顺序的统一。对于交易中的敏感数据来说,交易的完整性是非常重要的,如在 SET 协议时谈到过的扣款过程,扣款需要在交易双方的资金账户上进行操作,如果交易不完整,只是在一方的账户上进行了相关操作,那么后果将是相当严重的。

(四)交易的不可抵赖性

不可抵赖性又叫作不可否认性,指的是交易双方不能否认彼此间的信息交流。在传统的交易过程中,虽然参与交易的双方也可能不会见面(如邮购过程),但却是很难抵赖的,因为有足够的证据(如邮购的单据、凭证等)来证明买方或者卖方的真实买卖行为。但对于电子交易来说,这种情况出现的可能性就会大大增加,例如目前国内常见的"送货上门、货到付款",如果忽略道德方面的原因,就很难找出证据来证明某笔订单是否是买方的。

电子交易的不可抵赖性并不是像传统交易那样通过"白纸黑字"的签字、盖章来进行确认的,但是却使用了类似的思路,即通过电子签章的方式来加以确认。

(五)交易的不可拒绝性

电子商务以电子形式取代了纸张,那么保证这种电子形式贸易信息的有效性则是开展电子商务的前提。电子商务作为贸易的一种形式,其信息的有效性将直接关系到个人、企业或国家的经济利益和声誉。因此,要对网络故障、操作错误、应用程序错误、硬件故障、系统软件错误及计算机病毒所产生的潜在威胁加以控制和预防,以保证贸易数据在确定的时刻、确定的地点是有效的、不可拒绝的。否则用户会受到"延迟服务"的威胁或"拒绝服务"的威胁,这类威胁的结果是破坏计算机的正常处理速度或完全拒绝处理。降低服务速度会把自己网站的顾客赶到竞争者手中,或者在竞争交易中(如证券市场、拍卖市场)错过商机。拒绝服务攻击往往使整个网络暂时不能使用。例如,1988年的蠕虫病毒使五千多台计算机中断工作达几个小时。因此电子商务服务具有不可拒绝性(non-rejection)的要求。

不可拒绝性又叫有效性或可用性,是保证授权用户在正常访问信息和资源时不被拒绝,即保证为用户提供稳定的服务。

(六)交易的访问控制

访问控制(access control)是指在网络上限制和控制通信链路对主机系统和应用的访问;用于保护计算机系统的资源(信息、计算和通信资源)不被未经授权人或未授权方式接入、使用、修改、破坏、发出指令或植入程序等。

三、电子商务安全特性

(一)系统性

电子商务安全的特性,首先表现在其具有系统性。这是因为,对于维护电子商务安全运营来说,其并不只是有关技术性的问题,同时也对管理方面提出了更高的要求,其对行业管理、社会道德和人们的行为模式之间都具有紧密的联系。

(二)相对性

世界上所有的事务都不是绝对的,其具有一定的相对性,电子商务安全也不例外。例如,通常房子的窗户上都会安装玻璃,一般来说,主要装上一层玻璃,房子的安全性就能得到保障,但是,只需要一块石头就能打碎玻璃,破坏房子的安全性。尽管如此,我们不能认为玻璃能够被石头打破,从而去怀疑玻璃对于房子的重要性。而是应该去保护玻璃,不被石头所打破。同样的,电子商务的安全系统并不是永远安全的,其必定是相对的,因此就必须要提高对商务系统管理的有效性,防止电子商务网站遭受外界的攻击。

(三)动态性

电子商务安全也具有一定的动态性。世界上的事物都处于运动和变化之中,虽然电子商务今天是安全的,但是很有可能明天就会遭受攻击,对电子商务的安全防护就是在与网络威胁不断斗争中,进而不断提高的。从当前的电子商务防护系统来说,无论是在对抗性、竞争性还是在敏感性上都具有很强的优势,因此在以后的经营过程中就需要对其不断进行维护和完善,保证最佳的防护状态。

(四)有代价性

在对电子商务安全进行维护的过程中,需要正确看待安全的代价和成本问题。在对电子商务进行维护的过程中,如果只单纯地注重速度,那么其安全性就必然就受到影响;但是如果过于注重安全,那么在速度上可能就会打折扣。在电子商务运营的过程中,如果涉及了很多的敏感问题,如支付等,那么对安全的考虑就会多一些;但是如果没有涉及这些敏感问题,那么对安全的要求就会低一些。从这里就可以看出,电子商务的安全维护,必然要付出一定的成本和代价,对于管理者来说,必须要根据自己的实际情况,综合考虑多方面的因素,然后进行正确的衡量。

四、电子交易中存在的风险

(一)电子商务交易面临的风险

电子商务交易虽然具有很大的便利性,但是其毕竟与真实的交易之间存在很大的区别,因此也必然会存在很多的弊端。很多的不法分子有时候就会利用电子商务交易存在的漏洞,对购买者进行欺骗。目前,人们在电子商务交易中遇到的骗术,主要有以下几方面。

第一,利用人们求便宜的心理,以超低价格诱惑买家消费。众所周知,由于网络交易平台上的商品,所耗费的成本较低,因此其在价格上会占有一定的优势,再加上网络交易方便、快捷、因为越来越多的人加入了网购的大潮之中。在这种消费观念之下,人们需要注意的是,商家必定会在网络交易的过程中获得一定的利润,无论高低。如果电子商务平台上的商品,与市场上的价格差距过于悬殊,那么该商品可能就会存在质量上的问题,或者是商家别有用心,因此消费者在网购的过程中,要格外注意,减少损失的发生。

第二,模拟银行页面。这是当前较高级的骗术。消费者在网络支付的过程中,可能会弹出骗子设置的虚假页面,诱导消费者输入真实的银行账号和密码,然后将信息发往后台,盗取消费者的网银,对消费者造成巨大的损失。消费者在进行网购的过程中,一定要认真核实官方网银支付地址与所转向的地址是够符合,然后继续进行支付操作。

第三,专门窃取玩家,也就是网络游戏参与者的游戏账号及密码的木马程序。该类骗术主要是在玩家购买点卡的过程中实施的。骗子会在假的网站页面上写入木马程序,然后在玩家登录购买点卡时,植入玩家的电脑,然后再趁机盗取玩家的银行账号和密码。因此,游戏玩家在购买点卡的过程中,一定要注意去专门的大型网站进行购买。并且,在进行网上消费的过程中,也尽量在私人电脑上进行操作,防止木马的传播和感染。

第四,利用玩家疏忽的心理,使用即时通信客服。一般来说,正规的网站都不会向用户索要其银行账号和密码。而该类骗术在实施的过程中,则会以各种各样的理由,诱导玩家说出自己的银行账号和密码。玩家在遇到这种情况之后,一定不要去理论,并通过发帖的形式告知其他玩家小心受骗。

第五,利用免费注册会员信息的形式,盗取玩家的登录账号和密码。该种方式是较为常见的骗术。骗子会根据玩家所选购的游戏种类,然后根据玩家通用账号密码的特点进行盗号。这种骗术防范起来较为简单,玩家在网站注册信息的过程中,尽量使用假的信息,这样就可以避免信息的泄露,反之出现不必要的损失。

(二)电子商务消费者面临的风险

消费者在电子商务平台购买商品的过程中,可能遇到的风险多种多样,具体来说,主要表现在以下几方面。

第一,丢失电子货币。造成这种情况的原因,可能是因为网络偷窃,也可能是物理破坏,其对消费者造成的损失通常是不可挽回的。

第二,付款后不能收到商品。消费者在电子平台,已经执行支付任务之后,由于电子商务平台中工作人员的失误,导致订单不能及时发送给执行部门,从而导致货物不能发出。

第三,虚假订单。一些人会假冒消费者的名义在网上进行消费,在这种情况下,消费者就可能收到商品,然后被要求付款或是将商品退还,为消费者带来麻烦。

第四,拒绝服务。在一些情况下,网站攻击者会通过服务器对电子商务平台进行攻击,对其发送大量的虚假订单,挤占其原有的资源,在这种情况下,消费者可能就不会获得正常的服务。

第五,机密性丧失。面对冒充的电子平台机构,有的消费者不能正确识别,就可能受到欺骗,将真实的个人数据或是隐私信息发送给他们,从而造成个人信息的泄漏。也有可能消费者在从事电子商务过程中,个人的手机号码、电子信箱等私人信息被商家或窃听者暴露。

(三)电子商务商家面临风险

由于电子商务商家都是通过互联网进行交易,需要交易系统的支持,因此电子商务商家面临的风险很多都表现在电子商务服务器上。

第一,系统中心安全性遭到破坏。一些入侵者会假冒合法用户入侵电子商务商户的后台,对已有的订单信息进行修改,或是解除或生成虚假订单,从而对商户造成损失。

第二,恶意竞争者威胁。电子商务竞争激烈,有的恶意竞争者会通过他人的名义,订购商家的商品,以此对商家的物流和库存状态进行了解。

第三,信用威胁。买方提交订单后不付款。

第四,商业机密安全。商家客户的资料应被严格保密,但在有的情况下,竞争者会通过一定的渠道获取消费者的资料,从而造成客户的流失。

五、电子商务运营中面临的环境安全问题分析

(一)恶意代码

恶意代码(malicious,malware)包括各种威胁,比如病毒、蠕虫、木马以及僵尸。2010年,微软称其安全产品在2009年下半年共检测到了近1.26亿个恶意文件。过去,恶意代码只简单地用于损坏电脑,通常仅由一个黑客授权,但它逐渐被用于偷窃电子邮件地址、登录密码、个人数据和金融信息。恶意代码还通常被用于开发综合性恶意软件,以窃取信息和金钱。

散布恶意代码的革新之一是将其嵌入网络广告链中,包括百度等广告网站。随着网络广告链的复杂程度逐渐提高,审核投入

网站的广告是不是恶意软件也变得困难。2010年,网络安全公司调查了前20万个网站,发现1%的网站感染了恶意代码,并且这些网站都支持所谓的"隐蔽强迫下载"(drive by downloads)(当用户在网站上下载文件时,会随之下载恶意代码)。PDF文件中嵌入恶意代码事件也常发生。相对于以传统的文件附件来感染计算机,恶意代码编写者也逐渐较多地使用嵌入电子邮件中的链接方式,这些链接直接指向恶意代码下载或包含恶意JavaScript代码的网站。同样,恶意代码的编写者由业余黑客转为有组织的犯罪分子,以对企业和个人进行诈骗。

(二)信用卡诈骗

信用卡数据的盗窃是互联网上最可怕的现象之一。许多用户由于担心信用卡信息可能被盗,而不敢进行网上购物。而有意思的是,这种令人恐惧的事件似乎并没有大面积地发生。信用卡信息被盗事件的发生率要比用户想象的低,占网络信用卡交易总额的1.2%。

在传统商务活动中,确实存在严重的信用卡欺诈情况,但是消费者在很大程度上可以通过法律挽回损失。过去,发生信用卡诈骗最常见的原因就是信用卡遗失,或者信用卡被盗后被别人使用,其次的原因还包括员工窃取消费者卡号,以及盗用身份(犯罪分子在申请信用卡时使用虚假身份)。银行一般通过对欠款余额收取更高利率的方法来弥补自己因信用卡诈骗而遭受的损失,商家则一般采取提高价格的方法。现今,信用卡被盗的最大原因是系统性的黑客攻击,导致公司服务层中存储的数百万的信用卡购物信息被盗。

许多网站采取的解决办法是制定一种新的身份验证机制,这种机制目前正在发展中。一般来说,除非消费者的身份能保证得到确认,否则网上企业要比传统的网下企业面临更大的损失风险。解决这一问题的有效措施就是鼓励人们使用电子签名,并促使电子签名更容易使用。

(三)不必要程序

电子商务安全运营还受到不必要程序的挑战,如广告软件、浏览器寄生虫、间谍软件和其他能在不经客户同意的情况下自己安装到计算机上的应用程序。这些程序逐渐在社交网络和用户生成内容网站上被发现,导致用户被误导地安装了它们。这些程序一经安装,就很难移除。

广告软件通常在用户访问网站时调出弹出式广告。虽然广告软件令人讨厌,但它通常不用于犯罪活动。两种不同的广告软件,在搜索引擎中输入特定的关键词时,它们会打开相关网站的网页或弹出式广告。浏览器寄生虫(browser parasite)是一种能监视并修改用户浏览器设置的应用程序,例如,它能改变浏览器的主页设置,发送访问的网站信息至远程计算机。浏览器寄生虫通常是广告软件的一部分,例如,Websearch 就是广告软件的组成部分,它可以修改浏览器默认的主页和搜索设置。

而间谍软件(spyware)可以用于获取信息,如用户的击键记录、电子邮件和即时信息的副本,甚至是屏幕截图(获取密码等相关数据)。SpySheriff 是一种间谍软件,虽然它据说是一款间谍软件清除应用,但实际上它是一款恶意间谍软件应用程序。间谍软件常用于身份盗窃。

(四)黑客行为与网络破坏行为

黑客(hacker)就是企图在未经授权的情况下进入计算机系统的人。虽然在公共新闻里,黑客和骇客两个词是通用的,但是在黑客世界中,骇客(cracker)一词通常指有犯罪企图的黑客(Sinrod and Reilly,2000)。黑客和骇客通常利用互联网作为开放系统便于使用的特性,通过寻找 Web 网站和计算机系统的安全程序漏洞,来进行未经授权的访问。黑客和骇客都是计算机的狂热爱好者,面对攻破企业和政府网站的挑战会让他们变得很兴奋。有时,他们仅仅能访问电子商务网站的文档就感到很满足。

但另一些人则抱有更大的恶意,会进行一些网络破坏行为,故意破坏网站,使企业名誉受损,甚至摧毁整个站点。

为了取乐而进行黑客攻击已经过时了,现在黑客的主要目的是金钱。黑客现象长期以来呈现出多样性。一般情况下,良性黑客和污损黑客已经消失了,因为执法机构和私人团体学会了如何监测肇事者。黑客行为已经超越了系统入侵的范围,还包括商品和信息的盗取、故意破坏和系统损害行为。

称为"老虎队"(tiger teams)的黑客团体则可以帮助企业安全部门检查自身的安全措施情况。雇用黑客从外部入侵系统,可以帮助企业寻找计算机系统的薄弱环节。这些"好黑客"就称为白色黑客(white hats),因为他们的作用是帮助企业寻找安全隐患。白色黑客根据与用户签订的合约进行工作,雇用他们的用户在协议中写明了不会因其努力入侵用户的系统而起诉他们。

相比之下,黑色黑客(black hats)从事同样的活动,但却不会得到任何被入侵企业的报酬,因为他们的行为具有破坏企图。他们入侵网站,泄露所找到的机密信息或者私人信息。这些黑客坚信,信息应该是免费的,所以他们把共享机密信息作为自己的部分使命。

介于这两者之间的就是灰色黑客(grey hats),他们认为入侵并寻找系统缺陷可以得到更大的利益。灰色黑客找到系统安全中的弱点,然后既不破坏网站也不利用其获利,而是直接把网站的弱点公布出来,他们的回报仅仅是发现网站弱点所赢得的声誉。但灰色黑客的行为还是受到了人们的质疑,尤其是当他们找到的安全漏洞可以让其他的犯罪分子更容易进入系统时。

(五)网络钓鱼和身份盗窃

网络钓鱼(phishing)是指第三方以任意欺骗性的网络行为获得用户的保密信息,以实现某种金融目的的行为。网络钓鱼不涉及恶意代码,只依靠简单的误导和欺诈,即所谓的"社会工程"技术。最常见的网络钓鱼攻击是电子邮件诈骗信,其最终目的是获得用户的个人银行信息。

诈骗信有很多种,有些会假装成知名企业对用户个人进行"账户验证"(如鱼叉式网络钓鱼,或针对某家银行或公司的特定客户)。点击邮件中的链接,就会进入被诈骗者控制的网站,并出现输入账号保密信息的提示,如账号和 PIN 码。一天之内,数百万此类诈骗邮件被发送出去,总有一部分人会上当受骗,泄露自己的账号信息。

钓鱼者采取传统的"赢得受骗人信任"的诈骗策略,通过电子邮件诱使受骗人自愿泄露金融密码、银行账号、信用卡账号等个人信息。通常,钓鱼者会创建一个自称为合法的金融机构网站,诱骗用户输入金融信息或者下载恶意软件(如键盘记录器)。钓鱼者利用收集到的信息进行诈骗,如对信用卡收费、窃取银行卡中的资金或其他"偷窃身份"(身份盗窃)的方法。网络钓鱼是电子商务犯罪中发展最快的攻击行为。

这些安全威胁利用所谓的"社会工程"技术来应对出现的安全漏洞,这些技术包括欺诈、歪曲事实、假装成别的事物。例如,Netsky.P 蠕虫使用带有发送通知的电子邮件,诱使收件人认为邮件来自有效的地址,从而打开附件中的文件,实际上,这些文件中带有病毒或蠕虫,一旦打开,这些蠕虫就会开始掌控计算机。社会工程不仅能协助蠕虫使收件人打开被感染的邮件,还能帮助它们逃避内容过滤器或扫描仪,常用的方法是伪装成压缩文件。

第二节　电子商务安全技术与认证体系

一、加密技术

(一)加密技术介绍

数据加密技术指的是,对信息进行编码和解码的技术。数据编码指的是将原来的可读信息(明文)译成不能直接读的代码形式(密文),数据解码过程就是将不能直接读的代码形式(密文)译成原来可直接读的信息(明文)。实际上,编码和解码的过程实际上就是一个互逆的过程,是对数据进行保密的一个重要措施,主要目的是为了防止信息系统的机密信息被泄漏或是盗用。在电子商务系统中,为了保证数据的安全传输,因此需要对数据进行加密,在加密前的数据被称为明文,加密后的数据被称为密文。在对系统信息进行加密之后,即使在传输过程中被他人窃取了密文,但是由于不知道解密的具体方法,无法看懂密文,就不用再担心机密信息的外泄。实际上,加密过程就是在密钥的控制下将明文加工为密文的过程,解密过程就是将密文加工为明文的过程。加解密过程如图 4-2 所示。

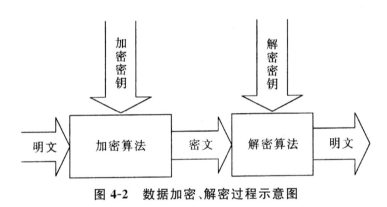

图 4-2　数据加密、解密过程示意图

数据传输加密指的是对信息传输过程中的数据流进行加密,经常被使用的加密方式有以下三种。

(1)"线路到线路"的加密方法。

(2)"节点到节点"的加密方法。

(3)"端到端"的加密方法。

(二)加密与解密过程研究

应用对称加密算法、非对称加密算法以及散列函数可以组成安全的加密协议,可以避免数据被窃听以及篡改。下面介绍一种加密协议,该协议假设信息的发送者和接收者分别拥有一对非对称加密密钥(公钥和私钥),各自的公钥互相知道,各自的私钥仅本人拥有。

1.加密过程

将待加密的明文数据通过散列函数的运算生成一个原始明文的摘要,用发送者的私钥对摘要进行非对称加密算法的加密运算,这个过程也称作数字签名的过程,生成一个摘要签字。然后随机生成一个会话密钥,在该会话密钥的控制下对明文进行对称密钥加密算法的加密过程,生成密文。在接收者公钥的控制下采用非对称加密算法对会话密钥进行加密,生成加密后的会话密钥。将加密后的会话密钥、密文、明文摘要的签字合并后发送给接收者。下面用一个图来展示加密过程(图4-3)。

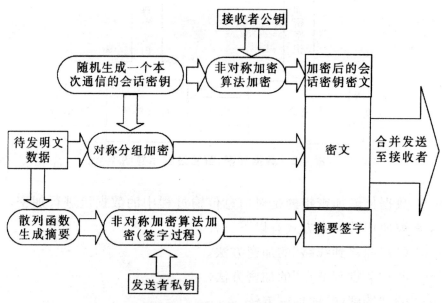

图4-3 信息加密签字过程

2.解密过程

该协议的解密过程如图4-4所示。

从接收到的信息中分解出加密的会话密钥、密文、明文摘要的签字。在接收者的私钥的控制下对加密后的会话密钥采用非对称加密算法的解密过程,解密出本次会话密钥。在本次的会话密钥的控制下将密文解开得到明文。对摘要的签字在发送者公钥的控制下进行非对称加密算法的运算得到原始的摘要,再和已经解密出的明文计算出的摘要进行对比,如果两个摘要相同,则信息正确完整,否则信息已经被篡改过。

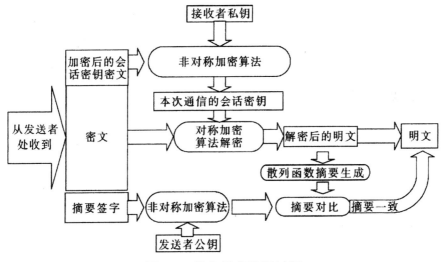

图 4-4　信息解密验证过程

二、鉴别技术

(一)消息摘要

消息摘要(message digest)方法也称安全 Hash 编码法或 MDS,它是由 Ron Rivest 所发明的。消息摘要是一个唯一对应一个消息的值,它由单向 Hash 加密算法对一个消息作用而生成。Hash 加密算法将任意长的二进制数据变换成定长的二进制数据,所谓单向是指不能被解密。不同的消息其摘要不同,相同消息其摘要相同,因此摘要成为消息的"指纹",以验证消息是否是"真身"。发送端将消息和摘要一同发送,接收端收到后,用 Hash 函数对收到的消息产生一个摘要,与收到的摘要对比,若相同,则说明收到的消息是完整的,在传输过程中没有被修改,否则,就是被修改过,不是原消息。其过程如图 4-5 所示。

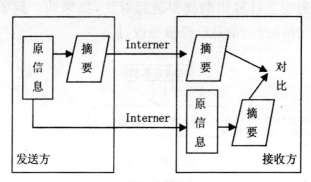

图 4-5　消息摘要

消息摘要的方法可以使接收方确认接到的发送方的消息是没有被修改的原内容,这在电子商务中是非常重要的,消息摘要方法解决了信息的完整性问题。

(二)数字签名技术

如果只是对信息实行了加密的技术,那么就只是解决了信息保密的问题,但是要想防止对信息的篡改和身份确认,就还需要采用数字签名技术。在纸质的商务信函中,签名是一种确认方式,同时也是一种信用凭证,其作用是表示签名人对文件内容没有异议,是自愿签署。另外,我们知道每个人的笔迹或多或少都有差异,签名也是一种保险性比较高的确认方式,能够有效地避免签署人事后否认自己的签名行为。数字签名与书面文件签名具有异曲同工之妙,采用数字签名,也能确认两种信息:第一,系统所接收到的信息是由签名者发动的;第二,电子签名还能够保障信息签发后的内容没有变动,维持了原样。

因此,使用数字签名的方式可以防止电子信息被他人修改或是盗用名义,或发出(收到)信件后又对自己的商业行为"予以否认"等情况的发生。使用数字签名技术可以实现对原始报文的鉴别和不可抵赖性。

数字签名是通过 Hash 函数与公开密钥算法来实现的,其工作过程如下所示(图 4-6)。

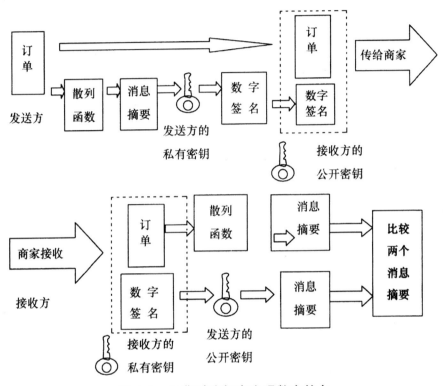

图 4-6 用非对称加密实现数字签名

(三)数字摘要技术

数字摘要技术又被称为"指纹画押"或是"数字指纹"技术。其加密原理是:通过一定的编码原则对需要加密的信息重新进行编码,通常人们会选择"安全 Hash 编码法"和"提示摘要标准",将信息摘要成 128b 的密文,该密文也被称为数字指纹。需要注意的是,该种密文有其固定的长度,并且对于不同的明文来说,其会被摘要成不同的密文,保证结果的一致性。最后,这串摘要就可以成为验证明文是否是"真身"的"指纹"了。这套编码采用的是单向的 Hash 函数来作为编码原则。数字摘要的使用过程如下所示(图 4-7)。

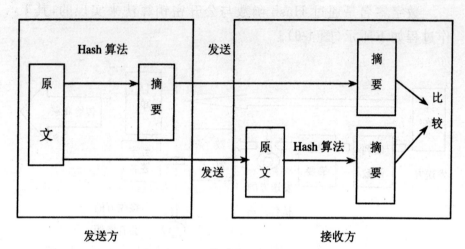

图 4-7　数字摘要使用过程示意图

数字摘要技术可以将"明文"同其摘要的产品"一串 128b 的密文"建立相对应的关系。因此,数字摘要技术是因特网上鉴别电子商务合同、文稿等重要文件是否在传输过程中曾经被修改的一种重要方式。

(四)数字证书

数字证书指的是,一个权威机构发行的标志,其可以利用网络通信对通信各方的身份信息进行传输的数据,其所具有的作用同人们的身份证类似,是构建电子商务认证系统的一个重要手段。

(五)数字时间戳

在电子商务交易中,时间和签名同等重要。数字时间戳(DTS,Digital Time-Stamp)是由专门机构提供的电子商务安全服务项目,用于证明信息的发送时间。

用户将需要加上时间戳的文件用 Hash 算法加密形成摘要后,将摘要发送到 DTS,由 DTS 在加入了收到文件摘要的日期和时间信息后,再对该文件加上数字签名即用自己的私钥加密,然后发回给用户。获得数字时间戳的用户就可以将它再发送给自己的商业伙伴以证明信息的发送时间。数字时间戳的获得过程如下图所示(图 4-8)。

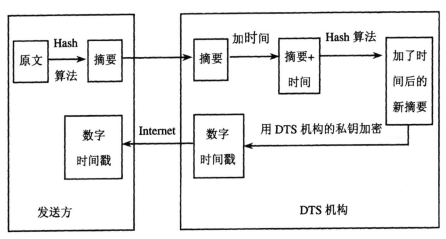

图 4-8 获得数字时间戳的过程示意图

数字时间戳是一个经加密后形成的凭证文档,包括三个部分:时间戳的文件摘要、DTS 收到文件的日期和时间、DTS 的数字签名。必须注意的是,书面签署文件的时间是签署人自己写上的,而数字时间戳则是由 DTS 加上的,DTS 是以收到文件的时间作为确认依据的。

(六)电子认证

电子认证是一种电子商务中的安全保障机制,其最为重要的作用是,保证交易人的可信度。该种电子认证通常会被应用于信用安全中,对组织制度提供安全保障。从本质上来看,电子认证实际上就是一种服务形式,其通过对交易各方的信息认证,来保证安全交易的实现。对外,电子认证可以防止恶意竞争者的侵入,反之欺诈行为或是对交易方造成损失;对内,通过电子认证可以避免当事人对交易信息的否认，减少交易风险，维护电子商务的正常、有序运营。

在电子交易中，CA 体系可分为两种：基于 SET 标准的 CA 体系（又可称为金融 CA 体系）和基于 X.509 的 PKI CA 体系（又可称为非金融 CA 体系）。

1. SET CA 体系

SET CA 体系遵循 SET 协议标准，为基于银行卡的支付网关、商家及持卡人发放证书，在证书中，利用 X.509 识别名来确定 SET 交易中所涉及的各参与方，以保证基于银行卡的电子交易支付的安全。在 SET 协议中，认证中心（CA）是整个体系的安全核心，1997 年 2 月 19 日，由 MasterCard 和 VISA 发起成立的 SET-CO 公司，被授权作为 SET 根认证中心（Root CA）。SET 中 CA 的层次结构依次为：根认证中心（Root CA）、品牌认证中心（Brand CA）、区域性认证中心（Geo-political CA）、区域性认证中心下设持卡人认证中心（Cardholder CA）、商户认证中心（Merchant CA）、支付网关认证中心（Payment Gateway CA）。SET CA 层次结构如图 4-9 所示。

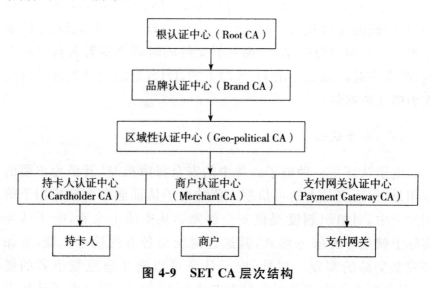

图 4-9 SET CA 层次结构

2. PKI CA 体系

PKI 是基于公开密钥理论与技术的网络安全认证平台,它可以提供数据加密和数字签名等安全服务所必需的密钥和证书管理,并将公开密钥技术、数字证书、证书发放机构和安全策略等安全措施整合起来,是电子交易与支付的安全关键技术,被公认为是在大型开放网络环境下解决信息安全问题最可行、最有效的方法。

三、身份认证技术

身份认证技术是一种重要的安全措施,它可以保证用户按照企业预定的程序和方式运用企业的资源网络,保证用户行为在既定轨道里运行。从实质上来说,身份认证技术实际上就是在用户与资源之间建立了一个具有某种信用关系的访问控制矩阵,不在系统信任范围之内的用户不能运用企业的资源网络,而这种信任的获取需要用户进行申请,运营方会对申请进行严格的审核,只有通过审核的用户才能在企业网络中获取更多的资源和帮助。

四、防火墙技术

防火墙指的是,在企业内部网和因特网之间进行安全维护的系统,其工作的方式是,对外部访问进行过滤,保证内部服务的安全性。为了充分实现防火墙的防护功能,所有用户发送到互联网,或是从用户用互联网上获得的信息都要通过防火墙进行检查。通过防火墙的运行,其可以防止不被允许流入的信息进行访问功能,降低程序运行的风险。需要注意的是,防火墙对电脑系统的防护并不是绝对的,如果遇到强大的病毒或是破坏系统,防火墙可能就会失去其应有的功效。

通过防火墙的设置,就可以对互联网和企业内部网之间的交流进行管理。如果电脑中没有设置防火墙,那么也就是说,用户内部网中的所有主机系统都完全处于暴露之中,没有任何对外界破坏抵御的功能。从这里可以看出,保证内部网的安全性与保护电脑主机的安全息息相关,应当引起对这二者的保护意识,将其同等对待。

防火墙能起到的具体作用为:

(1)防止侵入者接近其他防御措施。

(2)有效地阻止破坏者对计算机系统进行破坏。

(3)限定人们从一个特定的控制点进入。

(4)限定人们从一个特定的点离开。

防火墙可以起到分隔、限制和分析的作用,防火墙一般都是由一组硬件设备(路由器、主机)并配以相应的软件共同组成的,然后会通过包过滤、应用级网关、代理服务三类方式来实现。

防火墙一般在跨越不同组织时需要,或者在重要的设备与资源访问保护时需要,如商家与认证机构间、商家与银行间、银行与其他组织、银行前后端等均要部署防火墙(图4-10)。

下面对防火墙的发展进行简单的论述。

(1)第一代防火墙。第一代防火墙技术几乎与路由器同时出现,采用了包过滤技术。

(2)第二、三代防火墙。1989年,贝尔实验室的Dave Presotto和HowardTrickey推出了第二代防火墙,即电路层防火墙,同时提出了第三代防火墙——应用层防火墙(代理防火墙)的初步结构。

(3)第四代防火墙。1992年,USC信息科学院的BobBraden开发出了基于动态包过滤(Dynamic Packet Filter)技术的第四代防火墙,后来演变为目前所说的状态监视(Stateful Inspection)技术。1994年,以色列的CheckPoint公司开发出了第一个基于这种技术的商业化的产品。

(4)第五代防火墙。1998年,NAI公司推出了一种自适应代理(Adaptive Proxy)技术,并在其产品Gauntlet Firewall for NT中得以实现,给代理类型的防火墙赋予了全新的意义,可以称之为第五代防火墙。

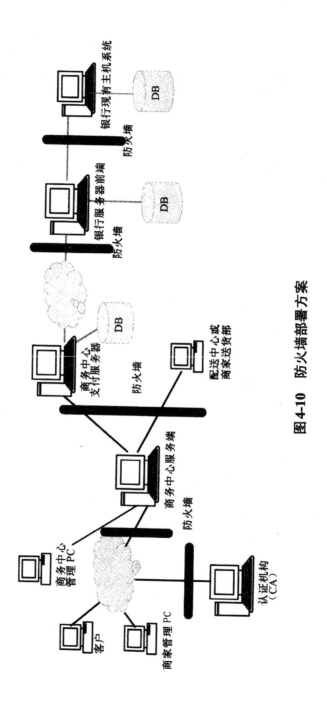

图 4-10　防火墙部署方案

通常,常用到的防火墙软件有以下几种。

- 瑞星个人防火墙;
- 天网防火墙;
- 最佳个人防火墙:ZoneAlarm Pro(ZA);
- Outpost Firewall 防火墙;
- Jetico 个人防火墙;
- 费尔防火墙专业版;
- McAfee Desktop Firewall;
- 世界顶级防火墙 Look n Stop(小而强);
- ETrust Personal Firewall;
- 卡巴斯基反黑客防火墙;
- Norton Personal Firewall;
- F-Secure 防火墙。

五、病毒防治技术与系统

计算机病毒是影响电子商务系统安全的运营的重要威胁之一,如果不对计算机进行有效的防御,会对电子商务系统的安全性造成严重的影响。具体来说,计算机病毒是指编制或者在计算机程序中插入的破坏计算机功能或者毁坏数据,影响计算机使用,并能自我复制的一组计算机指令或者程序代码。[①]

计算机病毒的定义有广义和狭义之分,从广义上来说凡是能够引起计算机或者操作系统运行障碍的数据或者程序都可以称为病毒。因此,如果从这个定义上来说,逻辑炸弹、蠕虫等都可以被称为计算机病毒。狭义的定义指的是,病毒程序通过修改(操作)而传染其他程序,也就是修改其他程序使之含有病毒自身的精确版本或可能演化的版本、变种或其他病毒繁衍体。

对计算机所面临的所有安全威胁中,计算机病毒破坏性是最

---

① 骆正华,向东.电子商务系统的规划与设计[M].北京:清华大学出版社,2012,第 276 页.

为严重的,它不仅发生频率高、破坏性大,并且潜伏性强、覆盖面广。计算机的病毒防治可以分为系统防毒和服务器防毒两个方面。

(一)系统防毒

在 Melissa 病毒出现之前,人们还没有对电子邮件的防毒提起足够的重视。就目前来说,电子邮件系统较早期的邮件系统已经有了很大的发展,功能也从简单的信息收发扩展到云端存储、无线设备接入等。互联网的开放度与其安全威胁是成正比的,即互联网越开放,对系统的安全威胁就越大,受到病毒侵害的几率也越大。一般来说,系统防毒措施主要包括以下几个。

(1)制定合理的病毒预防与监控机制。

(2)提高重视,布置多重病毒预防屏障。

(3)及时维护和更新病毒检测和查杀系统。

(4)重要文件应建立定期备份存储机制,预防意外。

(5)增加订阅,及时认识最新病毒的特性及其扩散陷阱。

(6)增强全员的防毒、杀毒意识,保证每台设备的安全。

(二)邮件服务器防毒

很多人都有这样一个误解,即认为只要保护了自己的电子邮件网关和内部的桌面计算机,就不用再专门使用防病毒的措施了。这种做法并不能说错,但是由于信息技术进步,这种方式的缺陷被放大,容易为攻击者所利用,因为病毒传播的途径和方式更加多样,也更加隐蔽。在这种情况下,只有基于电子邮件服务器的解决方案才能够检测和删除受感染项。其具体的操作步骤为:

(1)对受感染以及可能受感染的邮件进行全面拦截。

(2)利用病毒查杀软件对系统进行全面的扫描。

(3)对可能感染的区域和文件进行专门扫描,确认感染文件。

(4)利用杀毒软件对中毒文件进行杀毒处理。

(5)对重要的数据进行及时的存储备份。

当前防病毒技术发展得很快,其主要侧重的是对系统应用软件或者数据感染的计算机病毒进行检测、诊断、消除和恢复等。由于系统可能感染的病毒种类和感染的形式在不断地发生改变,因此病毒防治技术也会随着病毒的变化而变化,并且防病毒的软件在使用的过程中还要注意不断地进行升级。

第三节　电子商务中的信用体系

一、电子商务信用体系建设

在电子商业中,与传统商业具有很大的不同,其中一个重要的方面就是,在传统商业中,买卖双方是可以相互接触到的,并且是一种实体的接触,而电子商务不同,买卖双方并不能实体触摸得到。这在客观上要求买卖双方要更加诚实有信。如果在电子商务交易过程中,买卖双方的信用缺失。在进行网上交易时,买卖双方主要凭借经验直觉、网上交流、网下调查等进行综合判断,在这几项中,网下调查的成本相对比较高,有些业务甚至很难调查的到,因而,这就往往会导致在交易信息、供货、付款等方面出现诚信问题,大大影响用户对网上购物的信心。电子商务与传统商务相比,又有许多传统商务没有的优势和特点,因而人们希望电子商务能够健康的发展,从而满足生活的需要;同时,需要为电子商务的参与者建立必要、实用的、符合电子商务特征的信用模式和信用数据管理机制。电子商务信用体系建设需从以下几个方面考虑。

(一)政策方面

电子商务的发展当然离不开一些政策上的支持。尤其是电子商务的信用建设需要政策的监督监管和扶持。作为社会信用体系的一个重要组成部分,电子商务信用体系的建设工作显得并不完善,还有很多需要改进和完善的地方。政府应该为电子商务信用体系建设创设良好的环境,政府要加强对企业电子商务进行信用监管,积极听取人民的有效意见,探索电子商务信用体系的相关立法,积极开展对电子商务平台服务商、信息服务类网站、电子商务交易商等的征信和评级工作,制定和实施电子商务企业信用标识证制度等。

(二)企业信用管理技术方面

1.构建网上信用评估模型

在电子商务交易发生之前,企业信用部门首先要对客户信用做出评估,这个评估过程可以以客户的财务报表为依据,或者是可以根据本行业的特点来开发信用评估系统。

2.加强网上客户档案管理

对于那些赊销客户,电子商务企业应该对他们的档案进行定期审查,随时关注这些客户的信用信息,并以此为根据及时调整信用额度。

3.建立合理的应收账款回收机制

电子商务企业内部的部门也不能袖手旁观,尤其是信用部门,要负责追收账款,通过定期追收、外部力量、法律手段等多种方式来防止坏账。

二、电子商务安全运营体系建设

电子商务安全运营体系是企业规避风险、保证运营安全的重要手段,也是企业电子商务安全管理的重要组成部分。在企业电子商务的运营中,电子商务运营体系是企业安全运行的基本保障,企业要重视电子商务安全运营体系的研究与设计。

(一)识别企业信息资产

想要对企业的电子商务系统安全进行保护,首先要知道企业中有哪些是可以识别的资产,哪些是需要重点保护的,哪些是次要保护的,哪些是暂时还不需要保护的。从防御的角度来看,虽然对外来的威胁难以准确地进行把握,但是企业自身要做到心中有数。当企业预先意识到自身可能会受到威胁时,才可以提前制定一些措施保护资产不受到侵害。如果企业的信息是没有价值的,那么也就没有对其进行保护的必要,因此在专门针对企业的信息进行保护时,首先要确定一个问题,那就是这些信息是否值得被保护。

通过对用户的信息资产进行识别,建立信息资产列表,从而确保其后的风险分析和控制选择在微观层面展开。

企业的信息资产主要包括数据与文档、硬件、软件和人员四个方面(表 4-1)。

表 4-1　企业的信息资产

资产类型	说明
硬件	包括服务器、工作站、路由器、交换机、防火墙、入侵检测系统、终端、打印机等整件设备,也包括主板、CPU、硬盘、显示器等散件设备
软件	包括源代码、应用程序、工具、分析测试软件、操作系统等
数据	包括软硬件运行中的中间数据、备份资料、系统状态、审计日志、数据库资料等
人员	包括用户、管理员、维护人员等
文档	包括软件程序、硬件设备、系统状态、本地管理过程的资料
消耗品	包括纸张、软盘、磁带等

需要注意的是,仅仅对资产进行确定是远远不够的,必须还要对资产进行分类。如应对有形资产(设备、应用软件等)及人

（有形资产的用户或操作者、管理者）等分别进行分类，并且还要在二者之间建立起相对应的关系。

对于有形资产来说，可以根据资产的价值进行分类，如内部访问级、机密级、共享级和未保密级。对企业员工的分类同有形资产的分类相类似。

（二）电子商务系统风险识别、分析和评估

1.电子商务面临的威胁

电子商务是利用网络信息技术来完成商业信息的传递、分享、管理，并为网络交易提供便利条件，因此我们可以将整个电子商务系统的安全系统分为两个主要功能部分，即信息安全系统和商务交易安全系统。

（1）计算机信息系统面临的威胁

计算机网络所面临的威胁多种多样，但是从大体上可以将其分为两类：第一种是网络信息对与安全运行造成的威胁；另一种是设备风险对安全运营形成的阻碍。我们可以从以下几个方面来理解这两个方面。

①人为的恶意攻击

从当前网络的总体状况来看，该类型的威胁是计算网络安全运营的最大威胁，敌对计算机的功能机以及各种不同的计算机犯罪都属于这类威胁的范畴。就人为供给行为来说，我们可以按照攻击行为的行为将其分为主动攻击和被动攻击两种。前者是指通过某种方式有计划、有目的地对某些网络信息和交易行为进行破坏和干扰；后者是指在不影响网络正常运作的基础上，通过一定的技术手段对重要的信息资源进行截获、窃取和破译。无论是哪种攻击行为都会对电子商务交易系统和交易安全造成威胁。

②人为的无意失误

人为的无意识破坏行为是一种意外性的安全威胁，这种威胁可以被避免但是难以杜绝，比如由于操作失误或者某些被忽略因

素而造成的网络运行安全和稳定的影响。

③网络软件的漏洞和"后门"

网络软件不可能是完美无缺的,因此其存在的一些漏洞和缺陷就会被黑客当作攻击的目标,在原来就出现过多次黑客攻击网络内部的情况,这些事件的发生大多都是由于安全措施不完善而造成的。

(2)电子商务交易安全威胁类别

①信息的截获和窃取

如果企业没有对电子商务网络运行的安全提起足够的重视,比如企业的商务网络的加密措施强度不够,就很可能被一些攻击者利用、破坏。企业的商务网络涉及众多的机密信息,如果企业不做好对这些资源的保护造成信息的外泄,那么企业很可能会在市场竞争中被对手超越,对企业的长远发展和利益造成不可估量的损失。

②信息的篡改

在网络信息安全中有一种安全威胁是通过对信息进行篡改实现的,在这种安全威胁中攻击者会通过特定的手段将正在传递中的加密或者非加密信息进行篡改,然后将信息发送到其要到达的终端,以误导信息的使用者使其决策失误。

一般来说,攻击者进行信息篡改的途径主要有三个,第一种是篡改,即对信息的编码顺序或者发送顺序进行修改;第二种是信息删除,即攻击者通过特定的信息技术和设备对信息进行删除处理;第三种是信息插入,攻击者在劫持信息后在原有的信息中加入一些不真实或者混淆使用者判断的信息。

③假冒

假冒是指电子商务系统中的实体单位,比如人或者系统,通过一定的方式假扮成另外一个实体,以此来享受被冒充者的特权,达到自己的目的。

④交易抵赖

交易抵赖也是电子商务安全运营中常见的一种安全威胁,这种类型的安全威胁包括多个方面,比如已经接收到信息或者实体产品的人否认自己的接受行为;未发送信息或者货物的主体谎称自己已经发货或者将信息发送给相关人员。

2.电子商务系统风险分析和评估

通常情况下,系统的安全设计都是针对其面临的风险来专门进行设计的,因此对电子商务系统进行安全设计,首先要做的就是对其进行风险分析。从经济的角度来看,电子商务是一种商务活动,因此在安全控制上进行的投资必须要有适度的回报。无论电子商务遇到的是哪种破坏情况,都应该保证在安全控制上的花费一定要同其所面临的风险相适应。

由于电子商务系统是一个进行交易信息和金融信息等机密信息处理的系统,因此应该对其使用多种方法进行风险评估。下面就是对电子商务系统风险分析和评估过程的示意图(图 4-11)。

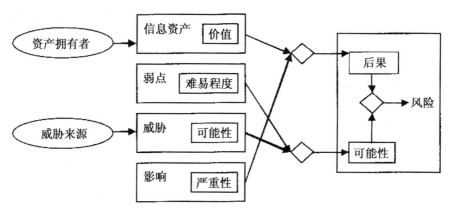

图 4-11　电子商务系统风险分析和评估过程示意图

(三)电子商务系统安全策略的制定

安全策略指的是对一种安全问题进行处理的规则的描述。相关的管理人员在制定安全策略时,要对资源分配、竞争的目标以及组织策略等进行全面的分析和研究,并且还要将技术、信息资源和员工行为作为指导。安全策略制定的主要目的就是保护电子商务系统不受到侵害。在制定系统安全策略时,要根据电子商务的实际安全需求来制定,主要包括以下几个方面的内容。

1.安全策略的范围

电子商务系统管理人员在设计安全策略时,需要考虑到的范围如表4-2所示。

表4-2 安全策略的范围

安全策略范围	安全策略内容
物理安全策略	包括环境安全、设备安全、媒体安全、信息资产的物理分布、人员的访问控制、审计记录和异常情况的追查等
网络安全策略	包括网络拓扑结构、网络设备的管理、网络安全访问措施(防火墙、入侵检测系统和VPN等)、安全扫描、远程访问、不同级别网络的访问控制方式和识别认证机制等
数据安全策略	包括数字摘要、加密算法、适用范围、密钥交换和管理等
数据备份策略	包括适用范围、备份方式、备份数据的安全存储、备份周期和负责人等
病毒防护策略	包括防病毒软件的安装、配置、对软盘使用和网络下载等做出的规定等
系统安全策略	包括WWW访问策略、数据库系统安全策略、邮件系统安全策略、应用服务器系统安全策略、个人桌面系统安全策略,以及其他业务相关系统安全策略等
身份认证及授权策略	包括认证及授权机制、方式和审计记录等
灾难恢复策略	包括负责人员、恢复机制、方式、归档管理、硬件和软件等
事故处理、紧急响应策略	包括响应小组、联系方式、事故处理计划和控制过程等
安全教育策略	包括安全策略的发布宣传、执行效果的监督、安全技能的培训、安全意识教育等
口令管理策略	包括口令管理方式、口令设置规则和口令适应规则等
补丁管理策略	包括系统补丁的更新、测试和安装等

安全策略范围	安全策略内容
系统变更控制策略	包括设备、软件配置、控制措施、数据变更管理和一致性管理等
商业伙伴、客户关系策略	包括合同条款安全策略、客户服务安全建议等
复查审计策略	包括对安全策略的定期复查、对安全控制及过程的重新评估、对系统日志记录的审计、对安全技术发展的跟踪等

2.权衡要点

制定安全策略实际上就是进行利与弊的权衡,通常需要权衡的要点主要集中在以下几个方面。

(1)成本与功能

管理人员在制定安全性策略时,必须要根据企业的预算来对安全性能进行设置。如果所设定的安全水平需要耗费很大的成本,企业根本就无法承担,那么该安全设计策略就不能被采纳,需要重新进行制定或是修改。

(2)用户操作的便利性和安全性能

所制定出安全性策略要能够清晰地辨认出那些影响系统正常运行和用户合法操作活动的进行。例如,可以需要用户使用智能卡进行登录,如果该客户不使用智能卡就直接进行登录,那么就无法成功登录。

(3)功能和安全性能

有时候企业需要通过网络来进行某项服务活动,该服务虽然能够为企业带来一定的好处,但是也会增加企业的风险。因此,在这种情况下,就必须要对所获得的利益和即将遇到的风险进行衡量,所花费的安全设计的成本不能超过企业所获得的利益。

3.安全策略制定的具体步骤

在对企业的电子商务系统制定相应的安全策略时,通常都要进行以下几个步骤,如图 4-12 所示。

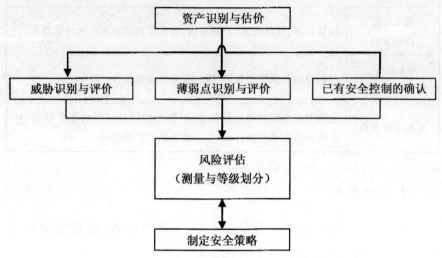

图 4-12　安全策略制定的具体步骤

安全策略制定的具体步骤为:

第一步,找出需要保护的资产。首先要能够清晰辨认出对企业电子商务的发展至关重要的资产,或者是那些需要高度重视的商业机密。

第二步,判定资产的价值。在有的情况下,企业的资产的实际价值会远远超过其自身的价值,如果企业只生产一种产品,那么该项资产对企业来说至关重要,如果该资产技术的细节丢失或泄露,就会让企业遭受重大的损失。

第三步,对电子商务系统的风险承受等级进行评定。不同的电子商务系统会有自身不同的风险承受等级,通常企业会通过衡量危险的发生几率和估测减低风险的威胁所需的成本,来对系统的风险承受等级进行确认。

第四步,制定安全策略。安全策略应该包含有威胁发生时需要采取的各种措施。

第五步,保证所制定的安全策略要能够包含电子商务系统的各个方面。对于即将生效的策略,企业的所有员工都要应该对具体的内容有一个清楚的了解。

（四）电子商务系统安全方案的制定

电子商务系统的安全方案应该是在信息系统的安全体系框架内来建立的，安全方案的内容主要涉及组织机构、技术、管理、安全四个方面的内容。

1.组织机构的建立

在将要制定的安全方案中应该把能够保障电子商务系统安全的组织机构，如机构、岗位、人事三个方面的内容建立起来。并且，安全方案中所建立的组织机构可以分为决策层、管理层和执行层三个主要的层次。

决策层指的是可以对电子商务中的重大事宜可以直接进行决策的部门，通常都是以单位主管电子商务工作的负责人作为核心人物，然后由各有关部门的负责人和电子商务系统的主要负责人共同参与。管理层指的是，对组织的日常工作进行管理的部分，它会依据已经制定的管理制度来对各部门的力量来具体实施电子商务系统的安全方案，对突发的安全事故进行处理，并设置相关的安全岗位。执行层指的是，在各个操作层或是位上具体负责处理日常安全事务的部分。

在安全方案中，应该建立起能够保障电子商务系统安全的岗位，并且根据电子商务系统实际的安全需要来进行设定。

2.技术体系的建立

在所制定的安全方案中，应该建立起能够保障电子商务系统安全的技术体系。技术体系指的是，可以对电子商务系统提供全面安全保护的技术保障系统。技术体系应该由已经确定的技术方面的安全策略的集合来进行指导。

3.管理体系的建立

为了保证所制定的安全技术体系能够顺利实行，在安全方案的制定的过程中还要同时制定出一套管理体系。该管理体系是由法律管理、制度管理和培训管理三部分共同组成的。

在安全方案中，应该将国家相关的法律、法规对系统主体及其与外界关联行为的规范和约束明确列式出来。并且还要制定一系列相关内部管理制度，包括安全管理和执行机构的行为规范、岗位设定及其操作规范、内部关系与外部关系的行为规范、岗位人员的素质要求及行为规范等。在安全方案中还要对相关人员安全培训方面做出规定，包括法律法规培训、岗位操作培训、内部制度培训等。

4.安全方案实施计划

为了保障安全方案的具体执行，在安全方案制定完成之后，还应该制定出一份保障安全方案顺利实施的计划，主要包括安全方案实施的组织、任务的分配和实施时间表等方面的内容。

第五章　电子商务的物流系统研究

电子商务作为一种新的商业经济模式,有着强大的生命力。它的迅速发展引起了交易方式的创新,特别是流通模式的变革。在我国,由于电子商务的发展还处于初级阶段,人们往往忽略了物流的电子化。因此,探索出一套适宜的物流发展模式便势在必行,与此相对协同化物流应运而生。它提出以供应链管理、客户服务为中心的思想重构企业战略、构筑专业化系统,实现规模物流产业发展战略以及完善法制,加强环保,营造可持续的物流发展软环境战略,从而促进了我国电子商务的有效发展。

第一节　电子商务与物流管理的关系研究

电子商务与物流之间的关系是相互的。电子商务能够实现跨越式的发展,物流企业功不可没。而物流企业能够从幕后走向台前,与电子商务技术在全社会的广泛推广也有紧密的关系。从今后信息技术的发展趋势来看,物流信息技术将使电子商务与物流结合得更加紧密。

一、电子商务物流管理的概念

现代物流管理和传统物流管理相比,无论是在深度还是广度上都有差别。概括地说,物流管理是指为了以最低的物流成本达到用户所满意的服务水平,对物流活动进行的计划、组织、领导与控制。

电子商务物流是电子商务活动的重要组成部分。构成电子商务活动的信息技术和信息系统是支持电子商务乃至物流发展的直接动力。这些技术与系统包括 Barcode、EDI、POS、EOS 以及其他管理信息系统等。由于这些技术和系统在商务活动中的应用以及各国政府对电子商务的倡导,电子商务在最近几年的发展可谓如火如荼。电子商务的发展导致了产业结构的变革和企业业务流程的重组。从产业结构的变革来看,批发业等中间行业将逐渐消亡;一些产业中传统行业的地位降低而新兴行业的地位上升,比如服务业中的电报业、信件传递业等地位下降,而网络信息服务业的地位迅速上升。从企业业务流程的重组来看,生产企业的生产在需求多样化、个性化趋势的推动下,越来越具有弹性,企业生产规模时常变更;企业内部传统的采购、生产、销售、后勤管理的明晰分工逐渐被一体化管理所取代。有人对电子商务带来的这种产业结构的变革与企业业务流程重组的结果进行了高度概括,认为其结果使得社会上的产业只剩下两类行业,一类是实业,包括制造业和物流业;另一类是信息业,包括广告、订货、销售、购买、服务、支付和信息处理业等。在实业中,制造业和物流业两者相比,制造公司会逐渐弱化,而物流企业会逐渐强化。

电子商务物流是指服务于电子商务的物流活动。由于物流发展的独立性,电子商务物流实际上在电子商务发展时期是与现代物流重合的。因为一方面社会物流系统是共生的,另一方面电子商务物流也不是横空出世的,现代物流也在不断信息化、网络化。世界经济的全球一体化趋势和电子商务的兴起,是电子商务物流形成的根本原因。

二、电子商务物流管理的目标和职能

(一)电子商务物流管理的目标

电子商务物流管理追求以最低的物流成本达到用户所满意

的服务水平。具体表现如下。

1. 降低物流成本

物流成本是伴随着物流活动而产生的各种费用,是物流活动中支出的人力、物力、财力的总和。它既包括向外支付的物流费用,又包括企业内部消耗的大量物流费用。

物流成本的高低直接关系到企业利润水平的高低。人们对于物流的关心首先是从关心物流成本开始的。假定某商品销售额为1 000万元,物流成本200万元,如果物流成本下降10%,即减少20万元的成本,那么利润可以直接增加20万元。因此,降低物流成本是电子商务物流管理的一项核心内容。

2. 提高服务水平

物流业从行业性质来说,属于传统产业中的服务业。其管理活动从本质上说是一种对客户的服务,是在使客户满意的前提下,在权衡服务成本的基础上,迅速有效地向客户提供产品。

物流服务的内容就是要满足货主的需求,保障供给,而且无论是在服务的量上还是在质上都要使货主满意。因此,研究如何提高物流服务水平,也是电子商务物流管理的一项核心内容。

高水平的物流服务要靠高的物流成本来保证,企业很难做到既提高了物流服务水平,又降低了物流成本,除非有较大的技术进步。因此,如何综合考虑各方面因素在两者之间寻求最佳组合正是电子商务物流管理所要研究的。

3. 为客户创造价值

客户价值是指客户总价值与客户总成本之间的差额。客户总价值是指客户购买某一产品与服务期望获得的所有利益,包括产品价值、服务价值、人员价值和形象价值等;客户总成本是指客户为获得某一产品与服务时的所有支出,包括货币成本、时间成本、体力成本以及精力成本等。

客户价值是一种相对价值,客户可以感知,但不能精确计算。某一产品或服务的期望价值不仅在不同的客户间会不同,而且同一客户在不同时间的期望价值也会不同。因此,为客户创造价值,一定要通过物流管理向客户提供增值服务,使总客户价值大于总客户成本。

(二)电子商务物流管理的职能

1.计划职能

计划职能是对整个物流过程的科学的计划和管理,主要包括编制、执行、修正和监督年度物流的供给和需求计划、月度供应作业计划、各个物流环节的具体作业计划以及与物流营运相关的经济财务计划。

2.组织职能

组织职能主要工作内容有:确定物流系统的机构设置、劳动分工、定额定员;配合有关部门进行物流的空间组织和时间组织的设计;对电子商务中的各项职能进行合理分工,对各个环节的职能进行专业化协调。

3.协调职能

电子商务物理管理协调职能是指除物流业务运作本身的协调功能外,还需要物流与商流、资金流、信息流相互协调才能保证满足电子商务用户的需求。

4.控制职能

控制职能具有广泛性和随机性,这是因为电子商务涉及面广,其物流活动参与人员众多且人员情况变化大,所以物流管理的标准化、标准的执行与督查、偏差的发现与矫正等控制职能相应具有广泛性、随机性。

5.激励职能

人是物流系统和物流活动中最活跃的因素,激励职能主要包括物流从业人员的选拔和录用、培训与提高、绩效的考核与评估、工作报酬与福利、激励与约束机制的设计。

6.决策职能

物流管理的决策职能主要包括运输方式、运输路线选择的决策,原材料、半成品、产成品库存量的决策,采购量、采购时间的决策,包装容器和包装材料选择与设计的决策,采用有效物流信息的决策等等。

三、电子商务与物流管理之间的关系

(一)电子商务发展需要物流作为支撑

21世纪前十年商业领域最大的变革当属电子商务。电子商务像杠杆一样撬动了传统产业和新兴产业,而物流则是电子商务这支杠杆的一个重要支点。

物流业的作用是不必怀疑的。人们用了几乎一个世纪的时间探索现代物流业的发展,但是放在电子商务上,还有不少可以探索的空间。在电子商务的成长期,人们对传统物流的认识发生了根本性的变革,认识到新型物流发展的必要性以及其在电子商务之中的重要地位。物流的成功与否直接关系到客户对电子商务产品的体验,进而影响到电子商务产品的经济价值。因为物流是现代电子商务产品与服务中"以顾客为中心"理念的重要保障,缺少现代电子物流技术,电子商务给人们带来的便捷最终将趋近于零。

1.物流服务于商流

在商流活动的过程之中,商品所有权从供应方转移到需求方的标志是购销合同的签订,但是商品并没有发生位移。传统交易中,除了期货交易以外,一般情况是商流和物流紧密联系起来,即供应方需要按照需求方的要求将商品转移。而在电子商务交易系统中,消费者或者采购方通过网站平台直接订购商品。商品的所有权交割完成,然而,商务活动并没有结束,供应商还需要按照消费者或者采购方的要求完成物品的转移。物流和商流并不是同时完成,而是需要根据商流的要求来完成整个交割过程。

从以上论述中可以得知,电子商务活动中物流的作用十分明显。要实现电子商务活动的跨越式发展,必须要实现物流活动的跨越式发展。只有这样,电子商务活动才能取得进一步拓展。

2.物流保障生产

对于消费者来说,物流的巨大作用在于保障购物体验,而对于生产商来说,物流的巨大作用则在于生产保障。生产商要想生产活动顺利进行,就需要有物流的鼎力支持。生产商的整个生产过程都要受到物流额度限制,原材料需要物流支持,设备需要物流支持,配件同样需要物流。通过合理的物流安排,生产商能够将从网络上购来的原材料与配件以较低成本的方式运送到工厂之中,保证生产过程的流动性。生产商不仅需要物流在生产整体上的支持,还需要物流在局部的支持作用。企业内部的物流活动,同样制约着企业的生产。

由此可见,物流活动对于生产商电子商务活动具有明显的制约作用。生产商通过 B2B 的电子商务模式参与到电子商务之中。其生产活动本质上是与其生产计划和销售计划紧密联系的。如果物流服务不能够按照生产商预想的方式融入生产计划之中,对于生产商来说,其影响无疑是灾难性的。在电子商务活动之中,生产商不仅需要和供应商协商好,还要和物流商链接起来。

3.现代物流提升电子商务产品与服务的客户体验

现代电子商务的出现,对于消费者来说,其最大的价值在于能够足不出户便享受到商家提供的便利。消费者只需在家中,通过一台电子商务信息终端便可尽览天下商品。查看、挑选、购物,简单的鼠标点击就可实现。

如此优越的电子商务产品或服务的体验最终还需要物流技术作为支撑。现代物流技术实现了人们购物之后的环节。

在购物之后,商家通过快捷和卓越的物流服务解决了消费者对产品的期待。高端的物流服务能够增加客户对电子商务产品的愉悦感受。上午购买、下午送达的快捷物流体验不仅实现了客户对产品的满足感,还免除了客户从实体店购买携带回家的麻烦。

(二)电子商务对新时代企业物流系统的影响

1.对客户服务的影响

(1)与客户的即时互动

在新颖的网站主页上,客户不仅能够浏览企业的产品,还能够对企业产品的功能与设计提出意见,对产品的后续服务展开一对一的交流。在小米手机第三代和第四代产品的设计中,小米手机俱乐部成员(网络上通常称之为"米粉")对小米手机的设计提出了自己的见解。[①] 小米手机的进步和亲民形象也就树立了起来。同时,物流企业也能够建立类似的口碑营销体系,完善自己原有的物流模式,实现企业的进一步发展。

(2)客户服务个性化

电子商务在压缩物品交易过程之时,还提升了用户对产品的渴望。个性化的用户服务已经成为企业新时代的商机。首先,企业网站设计要能够跟上潮流。企业网站并不简单是物品陈列柜,更是商品广告的集中地。精良与个性化的网站设计能够给客户以很深的印象。各个大型电子服务商的网站设计虽然在结构上

---

①　高功步,马丽.企业物流联盟的现状及运营策略研究[J].经济纵横,2011(3).

有一定的相似点,但是不论哪一个网站在设计上都突出了网站推广的主题,将当季潮流的商品放在网站显眼的位置,突出电子商务企业的个性。其次,电子商务产品或服务要突出个性化。个性化服务在要求网站经营综合化的前提下,突出其专业化。企业只有专业化经营,方能突出其资源配置的比较优势所在,为向客户提供更细致、更全面、更为个性化的服务提供保证。京东在起家的时候将企业定位于电子产品销售,携程旅游则将企业定位在旅游服务,当当网销售的时候是一个图书发行商。这些案例无疑说明专业化是企业生存的基点。最后,企业客户服务的个性化。网络时代虽然是信息经济时代,但仍然是客户服务的时代。当前所有的信息技术都是为了帮助企业更好地服务于客户,无论是当前流行的 UI 设计,还是企业所寻求的大数据技术,其根本上都是要求企业提供更好的用户体验。信息技术是帮助企业提升用户体验的利器。企业要在这方面加以创新。

2. 对存货的影响

电子商务企业在较广泛层次上增加了物流系统各个环节对市场变化的影响,减少了物流企业的货物存量,节省了物流企业的存货成本。在电子商务技术的帮助下,企业能够对物流系统提出新的要求,在需求配送计划、重新订货计划和自动补货计划方面都重新要求物流企业能够予以配合。从物流的观点看,这些要求实际上是借助于物流信息系统对货物在供应链方面的再分配或者重新安排。通过电子商务技术,物流企业能够更加准确了解到当前物流服务的需求,重新规划物流服务、配送线路和配送时间。因此,对于物流企业来说,存货在整个供应链系统上是逐渐减少的,所有的货物都能够及时奔跑在物流线路上,以更加便捷的方式到达客户手中。例如,对于耐克来说,电子数据交换的方式将成品的一系列数据下放给各个企业,企业再通过数据分解,向不同的厂商下达购货指令。不同厂商几乎在同一时间收到原材料订购指令,陆续安排向企业供货,然后再企业内部组装。在组装之前,耐克公司就已经开始在网络上发布新品的广告,获得订单。新品一旦组装完成即可向用户发货。

互联网金融之中的众筹模式在更为深刻的程度上改变了企业的物流系统。企业只需将自己的产品设计出来,在众筹平台上发布。客户将会同众筹的形式向企业订货。在产品生产出来之前,企业已经获得一大批订单,之后便是边生产边发货的模式。

3. 对企业物流理念的影响

从现代电子商务概念的发展来看,电子商务的模式正在以不同的形式实现自身的丰富。电子商务模式丰富的同时也引起了电子商务企业更加激烈的竞争。这一环境对于支撑它发展的物流企业来说无疑是一种激励。从企业的物流理念上来说,电子商务企业的影响主要体现在以下几个方面。

第一,整个供应链环境是物流信息系统得以运行的基础。电子商务为物流企业的发展提供了平台。物流企业需要帮助供应商做好产品供应,实现物流和消费、生产的一体化。在这一要求下,物流企业发展的根本就是供应链环境。依靠供应链环境,建立一个完善的信息系统,是所有企业共同努力的方向。

第二,物流企业竞争的特征是依据电子商务系统建立的企业联盟网络竞争。物流企业经常与客户联盟,在为客户提供优良物流服务的同时,铺开自己的业务网络。从消费者的观点看,物流企业之间竞争的外在形态是物流企业与电子商务企业联合而形成的联盟竞争。优良的产品加上便捷的物流是物流企业和电子商务企业联盟的核心。形成一个可靠的联盟网络,物流企业才能形成一个有效的竞争体系,在激烈的竞争中生存下来。

第三,电子商务企业能够帮助物流企业整合更多的资源,帮助物流企业构建更加庞大的资源体系。现代企业竞争已经从过去拥有资源竞争的模式转变为现在整合资源竞争的模式。企业不必拥有资源的所有权,只需拥有使用权即可。

第四,电子商务企业的长项在于收集物流系统的信息,这是物流企业发展个性化服务的下一个重要方向。电子商务企业通过互联网终端实现信息收集，将其提供给物流企业。物流企业则可以向消费者提供个性化服务，例如什么时间、什么地点、何种包装、送到什么人手中。

4.对物流系统结构的影响

(1)压缩物流纵向结构

随着制造商逐渐脱离电商平台建立自己的电子商务网站。电子商务企业对于物流结构的要求变得更高。企业开始脱离传统的批发商和零售商的环节，由经理直接委托物流企业开展客户产品服务。传统的物流结构从原来的企业—批发商—零售商—消费者转变成为企业—消费者的模式。

(2)需求压缩物流配送时间

在原有物流结构下，产品从企业到客户手中要经过几个月甚至更长。在新的物流结构下，产品从企业到客户手中则只需要几天。在企业—消费者的这种模式中，消费者对物流的心理预期较高。消费者往往都有一个心理，在下单之后能够马上见到实物，否则他会感到失望。在这种要求下，企业非常重视注重物流效率的提高，以此提升用户体验。例如，京东将自营产品的物流运输时间压缩在一天之内，逆向物流五小时上门取件；天猫建设的物流系统则打出了上午下单下午取件的广告标语。这一切都需要电子商务企业优化物流运输系统，满足客户对物流服务高标准化的要求。

(3)物流系统与产品系统的同质化

我国建设了很大规模的电讯基础设施。这为电子商务企业开展产品服务提供了方便。一些数字化的文化产品已经逐渐将物流系统略去，其建设的网络就是产品物流。亚马逊电子阅读器，产品销售已经将物流这一环节略去，百度也推出了高品质音乐电子产品。人们消费文化产品已经逐渐不需要物质产品，物流自然就会略去。在不久的将来，能够同质化的产品范围将会更大。

第二节　电子商务物流与供应链管理

电子商务的供应链是一种数据化的现代物流管理手段,供应链管理的目标是通过互联网对整个物流运作链条的运作效率进行提升。在优化的供应链系统中,客户可以通过互联网得到自己想要得到的信息,比如货物的实时物流信息、订单的状态,并根据情况对自己的计划进行合理的调整。外部采购的合作伙伴可以根据自己的情况与合作伙伴分享一些能够利用的资源、设施以及生产信息,供应商可以根据这些资料了解企业的需求,并参与投标。企业可以从供应链信息系统当中,了解整个物流系统运作情况,从而进行针对性的调整,以提高物流运作的效率,降低企业成本。

一、供应链管理方案设计的策略

(一)基于产品的供应链设计策略

供应链的方案设计必须要以产品为核心开展。供应链方案的设计首先应该明确一个问题,即用户需要的是什么,在这个基础上设计规划人员才能有的放矢地对供应链作用和功能进行设计。影响供应链设计的因素有很多,比如产品的生命周期、市场供求的变化、行业标准的更新、企业管理制度的变动等。

1.产品类型

不同类型的产品对供应链的功能需求有所不同,高边际利润、不稳定需求的革新性产品和低边际利润、稳定性较强的产品对供应链的功能需求有比较大的差异,如表5-1所示,这一点我们可以从对比中得出结论。

表 5-1   两种不同类型产品的比较

需求特征	功能性产品	革新性产品
产品寿命周期(年)	>2	1~3
边际贡献(%)	5~20	20~60
产品多样性	低	高
预测的平均边际错误率(%)	10	40~100
平均缺货率(%)	1~2	10~40
季末降价率(%)	0	10~25
按订单生产的提前期	6个月~1年 1天~2周	

由表 5-1 中可以看出,功能性的产品主要作用是满足客户对产品本身使用价值的需求,并且变化比较小,如果没有更好的替代性产品出现,这种特点具有很强的稳定性,其市场需求可以进行比较准确的预测,但是我们也可以看出这种产品的边际利润比较低。在这种产品的生产中,很多企业在这些产品的制造技术、制造工艺、附加价值上进行了改进,希望能够增强该种商品的吸引力,吸引顾客购买,从而提高产品的边际利润,这种革新性的功能产品的市场需求难以预测,寿命周期也相对较短。正是因为这些差异的存在,企业才必须根据产品的特点来设计供应链方案,以保证供应链运作的效率。

2.基于产品的供应链设计策略

当知道产品和供应链的特性后,就可以设计出与产品需求一致的供应链,如图 5-1 所示。

	功能性产品	革新性产品
有效性供应链	匹配	不匹配
反应性供应链	不匹配	匹配

图 5-1   供应链设计与产品类型策略矩阵

策略矩阵的四个元素代表着产品与供应链结合可能产生的组合，我们从中可以看出供应链及其供应链与产品结合的一些特点。企业通过产品与供应链的匹配程度决定是否采用该供应链，这是供应链管理决策的依据之一。一般来说有效性供应链主要适用于传统的功能性商品的产品物流，比如日常用品、服装、食物等；反应性供应链主要适用于革新性产品的物流管理。在供应链管理应用的过程中，一定要注意区分，否则就会产生不好的效果。

（二）以信息为中心的供应链设计策略

全球经济一体化打破了国界，因特网的发展使全球购物和网上商务得以盛行，供应链的设计策略需要重新考虑新形势带来的机遇和挑战。一方面，在供应链中，与物流相伴随的还有信息流，包括客户需求、生产能力、促销计划、交货计划、质量体系等，信息技术的发展极大地提高了信息流管理的效率和重要性，使得以信息为中心的供应链设计策略变为可能。另一方面，信息在供应链管理中起着至关重要的作用。例如，掌握客户需求变化信息是开发革新性产品的前提；在反应性供应链中，供应链的上下游节点间除了应具备正常的信息沟通以外，还应在某种程度上做到信息共享，只有这样才能对用户的需求变化做出敏捷的反应；信息化程度能有效地带动供应链管理的现代化程度。这些使以信息为中心的供应链设计成为必然。

在以信息为中心设计供应链时，应强调以下策略。

第一，以信息为中心的供应链设计需要的投资种类和要素比较多，特别是对电子信息、软件等方面的需求会比较大。这使得供应链系统的开发时间大大延长，应用的周期也大大增加，在信息产品更新换代异常迅速的今天，需要供应链管理者具备长远的战略眼光。

第二，应注意通过高效的 IT 系统的开发，对供应链信息资源进行整合，充分发挥信息系统的优势。在信息管理系统中，信息的通常性必须得到保证,这是供应链信息系统能够高效运行的保障。

第三,应强调信息技术基础设施的建设和 IT 系统的开发。针对功能性或革新性产品,应分别开发不同的 IT 系统。对既生产功能性产品又生产革新性产品的企业(更何况,革新性产品和功能性产品在一定条件下会发生互变),有必要开发出集成的 IT 系统。

第四,应强调通过信息分析和数据仓库解决供应链中的信息供应问题。在供应链运转中,包含着丰富的业务内容,如信息模型、报告、数据内容、公司基准等,均与信息有关。因此,在设计供应链时,为有效地提取数据,以支持信息分析活动的顺利进行,应当考虑为系统提供最佳数据仓库方案。此外,应当考虑为系统提供强大的信息分析能力,包括联机分析处理(On-Line Analytical Processing,简称 OLAP)、数据挖掘(Data Mining,简称 DM)等。[①]

(三)基于多代理集成的供应链设计策略

随着信息技术的发展,供应链不是由人和运输工具组成的简单的运输链条,而是发展成为一种综合性的信息分析和处理平台系统。基于多代理集成的供应链模式涵盖两个世界三维集成模式,这三种模式我们可以进行简单的分类,第一类是横向集成,即人—人、组织—组织和软体世界信息两个信息和管理集成;另一类是纵向集成,即人—机集成。在集成管理中,供应链的管理者根据物流和企业生产的特点不断对供应链进行动态的管理调整,使供应能够将更多、更丰富的功能集中到一起,从而最大限度地为企业物流效率的提高创造条件。

---

① 商玮.电子商务物流管理[M].北京:中国财政经济出版社,2008,第 106 页.

二、供应链管理方案的选择

供应链方案的选择需要企业根据自身物流发展的基本状况，结合不同方案的管理特点科学确定，总结起来主要有三种。

（一）垂直供应链

垂直一体化供应链系统对企业的要求是：将提供产品或运输服务等的供应商和用户都纳入到企业的管理范围中来，并将物流管理作为企业管理的一项重要内容。在垂直一体化供应链系统中，企业应该对产品或服务从原材料的采购到产成品送达用户手中的所有环节进行管理。企业要通过与供应商和用户的合作关系，尽力与他们形成联合力量，从而提高企业的竞争实力。

（二）水平供应链

水平一体化系统是指处于同一行业中的多个企业通过在物流方面的合作来实现规模经济，从而提高物流效率的供应链系统。当然，在产品的联合采购货物运输的过程中，由于各个企业对产品需求的时间和区域存在差异，因此，为了促进物流的顺利进行，物流过程中各个环节的及时信息是重要的基础和依据。因此，企业之间可以通过建立信息中心，来保证信息的及时共享和畅通传达。同时，大量的企业参与和大量的商品存在也是水平一体化供应链系统可以顺利运行的重要条件。

（三）物流网络供应链

物流网络是垂直一体化供应链系统和水平一体化供应链系统相结合的产物。当某个一体化供应链系统中的每一个环节同时又是其他一体化供应链系统中的重要内容时，就构成了物流网络。物流网络是一个开放的系统，企业可以随时选择加入或退出。物流网络经常运用于业务繁忙的季节。

三、电子商务供应链管理策略

(一)供应链快速响应策略

1.快速响应的内涵

快速响应(Quick Response,QR)是在准时制思想的影响下产生的,主要是为了在以时间为基础的竞争中占据优势,建立一套对环境反应迅速的响应系统。快速响应的策略目标主要是减少原材料到消费者的时间和整个供应链上的库存,最大限度提高供应链的运作效率,并对客户的需求做出最快的响应。

2.实现快速响应的六大步骤

快速响应的实施需要经过六个步骤,每个步骤都是相互关联的,而且每一个步骤实现的回报率都是逐渐提高的,但是所需要的投资也越来越大。

(1)条形码和 EDI

随着现代技术的不断革新,现在的零售商都已经由以前慢速的人工操作变成了快速的人机操作。首先零售商需要安装条形码、EDI 和 POS 扫描等设备,这样就加快了 POS 机的收款速度,通过这些技术设备和技术的应用,在收款的同时也记录了整个的销售情况,每天只要调出销售记录详细清单,就可以看到整个的销售情况。

在这个交易过程中,POS 扫描的主要功能是进行数据的输入和采集,它的工作原理是在收款的时候通过光学方式来阅读到产品的条形码,之后条形码转换成为产品的代码。通过产品的代码记录到产品的信息。

条形码主要的功能是对产品的识别。它是整个交易过程中比较重要的一个环节,通过条形码的识别可以得到产品的价格、信息和交易时间等。

EDI 主要是交易过程中的一种商业凭证。企业把这种商业凭证转换成符合自己企业的标准格式传送到一个 VAN 中,合作伙伴又可以通过 VAN 把自己所需要的资料转换成自己能够识别的格式进行备份。所以说 EDI 能够传送的单证主要包括发票、订单的确认、订单和销售情况信息等。

（2）固定周期补货

在快速响应中,商品的补货需要要求产品的供应商能够快速把零售商所需要的产品运输到店铺中,从而保证店铺的产品不因为缺货而影响到销售。零售商这种快速补货响应可以保证自己所销售的产品得到顾客的满足,同时也加快了产品的运转,同时也为消费者提供了更多更全的产品。

现在应用的比较多的自动补货系统也是一种销售预测的自动化的表现。根据现在销售数据的统计和分析,可以对产品的销售进行比较精确的预测,根据预测的结果,可以设定一定的库存界限。如果产品的数量已经少于库存界限,那么就可以启动自动补货系统,把所需要的产品数量直接发送给供应商,供应商根据收到的信息进行发货安排,这种自动补货系统不仅节约了沟通成本,而且避免由于人工统计错误而过多的增加了库存,从而影响整个的销售情况。

（3）先进的补货联盟

先进的补货联盟主要是指生产商和零售商联合进行销售数量的统计,共同制定销售计划和销售预测,在保证零售商不影响销售的情况下,尽量的降低库存数量。通过联盟,还可以加快零售商的补货速度,从而提高了库存的有效周转,使得生产商和供应商都提高了工作效率。

（4）零售空间管理

零售空间管理主要是指店铺按照销售的产品特色进行陈列,不同产品的店铺陈列对销售也有很大的影响,所以对零售空间管理不仅是零售商的工作职责,有时候也是生产商的销售要求。

（5）联合产品开发

联合产品开发主要针对的产品是那些生命周期比较短的产品。这些产品的特点就是具有很强的季节性和特有性，过了销售的高峰期之后就是漫长的低谷期，为了能够适应市场的变化，就需要生产商和零售商联合进行开发新的产品。通过零售商收集的消费信息、销售统计和客户需求情况，生产商大大缩短了产品的研发时间。

（6）快速响应的集成

通过不断地调整企业的业务流程，把快速响应中实施的前五大步骤与企业的整体业务结合起来，这样能更好地支持企业的整体管理。快速响应实施的前五个步骤的重点都是围绕着生产商和零售商在补货、开发、销售方面流程的优化，使得企业的销售量得到很大的提高。

当然，在具体的设计操作时，有时可以先完成最后一步工作，至少是先设计整体体系结构，这样补货的改进和新产品的开发就会尽可能地互相吻合。在确定公司核心业务及其发展方向时，应具有战略眼光。

（二）供应链有效客户反应策略

1.有效客户反应的内涵

有效客户反应（Efficient Customer Response，ECR）是指供应链的参与方通过彼此的合作将所有的物流环节进行整合，从而能够更快更安全地完成物流过程的供应链物流管理策略。ECR 的最终目标是建立一个能够快速反应、高效运作的物流管理系统，这不是某个供应环节的提速，而是整个物流供应系统的提速，从而大大降低了物流运作效率，为客户带来更好的服务。

2.有效客户反应重要战略

ECR 是 20 世纪 80 年代随着零售业的发展而不断壮大企业

的一种管理策略,它注重企业工作效率的提高,注重客户的服务体验,是一项两端兼顾的管理策略。随着网络的不断普及,ECR经营理念正在得到越来越多商家和客户的认同,传统的零售服务模式已经不能满足当前社会发展的需要。

ECR包括零售业的三个重要战略:顾客导向的零售模式、品类管理和供应链管理。

(1)顾客导向的零售模式

顾客导向零售模式是指通过对消费者、主要的市场竞争对手、产品的品牌形象、市场消费和发展状况的了解和调查,明确企业在市场中的优势、劣势,竞争对手在市场竞争中的优势、劣势,以科学确定管理方案的一种零售方式。之所以调查竞争对手的情况,主要是从消费者的需求方面考虑,竞争对手的优势往往就是消费者的需求点,只有明确了顾客的需求,企业才能有针对性地做出调整。

(2)品类管理

将商品的品类作为战略业务的一部分来管理,对供应链管理的过程和细节要精益求精,从而提高管理工作的质量和效果。品类管理的决策基础是数据,数字化的、动态的消费者需求是决定管理措施的主要依据。品类管理的主要手段是通过高效的产品组合,新工艺、新技术的运用、新产品的开发等模式来满足消费者的需求。

(3)供应链管理

建立全程供应链管理的规范和流程,科学制定供应链管理的目标;利用先进的技术和设备对供应链的软硬件设施进行改造,提高供应链的运转效率;提高供应链从业人员的个人素质,减少因为个人工作的失误而导致的工作流程受阻;制定规范化的纪律和管理制度,对整个供应链系统进行统一的管理;与销售商建立良好的沟通,通过信息共享控制库存,降低风险。

3.ECR系统的构造

ECR是一种运用于工商业的策略,它将供应商和销售商联系在一起,通过彼此的合作和努力不断提高他们物流周转的效率。普通的管理系统都是通过单方调节来提高物流效率的,但由于供应商与销售商的战略思想不一致,会导致很多环节效率难以得到提高,物流运作的成本也难以降低。

构筑 ECR 系统的具体目标,是实现低成本的流通、基础关联设施建设、消除组织间的隔阂、协调合作满足消费者需要,如图 5-2 所示。

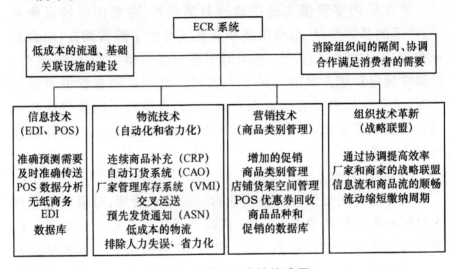

图 5-2　ECR 系统的构造图

第三节　电子商务物流技术

电子商务物流离不开物流信息技术的支持,物流信息技术是电子商务物流的基础,近年来物流信息技术的成熟以及应用成本的下降促进了物流业信息技术应用水平的发展,提高了物流业的效率和竞争力,改变了传统物流业的发展方向。

一、条形码技术(自动识别技术)

物流管理中最基本也最烦琐的工作就是原始数据的采集,在没有应用信息技术之前,这项工作都是由人工完成的,甚至包括更复杂的处理数据工作也由人工完成,这样做不但速度慢、成本高,而且存在比较高的差错率,这与数据分析和处理对原始数据的要求有很大的差距。因此,信息的采集作为物流信息系统现代化管理的基本内容,应该得到大家的重视。

(一)条形码技术

条形码是最常用的自动识别技术,它将数据编码成可以用光学方式阅读的符号,辅以相应的印刷技术生成特定的机读的符号,扫描器和解码器可以采集符号的图像被转换成计算机处理的数据并进行校验。

条形码是由一组规则排列的条、空格以及相应的字符组成的图形标识符,用以表示一定的信息。条形码隐含着数字信息、标识信息、符号信息等,主要用于表示商品的编号、名称、产地、价格、种类等,是全球通用的商品代码的表述方式。利用黑、白、宽、窄扫描光线产生不同的反射接收效果,在光电转换设备上转换成不同的电脉冲,形成可以传输的电子信息。由于光的速度极快,所以能准确无误地对运动中的条形码予以识别。

条形码技术是在计算机的应用实践中产生和发展起来的一种自动识别技术,提供了快速、精确、低成本的数据采集方法,是实现各行业自动化管理的必要条件,也是实现现代物流系统管理中重要的技术保障。

(二)自动识别技术

自动识别系统与传统的人工录入方式有很大的不同,它不需要使用键盘将数据输入计算机系统、编辑控制器以及其他微处理器中,而是通过一系列的操作之后,系统自动将数据输入到数据处理工具之中。自动识别可以使用条形码、射频标识与射频数据通信、磁条、语言、视觉系统、光学字符识别、生物识别等进行信息录入。就目前而言,在销售信息系统(POS 系统)、库存系统、分货拣货系统等现代物流活动管理系统中最早使用的、应用范围最广的、最值得人们信赖的就是条形码技术。

二、射频技术

(一)无线射频的概念

射频技术 RF(Radio Frequency)的基本原理是电磁理论,也就是利用无线电波对记录媒体进行读写。射频系统最大的优点是不受现实的约束与局限,并且识别距离也比光学系统远。还有一类射频识别卡,它们具有读写能力,可携带大量数据,具有智能性,难以进行伪造。

(二)射频识别系统的组成

在实际使用中,射频识别系统会根据目的和环境的不同,形成不同的组合。但是从其基本工作原理来看,射频识别系统通常是由四部分组成的,包括信号发射机、信号接收机、编程器和天线。

1. 信号发射机

信号发射机是射频识别系统中一项重要的组成部分,根据该系统使用目的和环境的不同,其具体的存在方式也会有所不同,最具代表性的存在方式就是标签(TAG)。所谓的标签,实际上指的就是带有线圈、天线、存储器与控制系统的低电集成电路。对于标签来说,其也是一种符号标识,与条形码技术中的条形码符号功能类似,其主要作用是对传输的信息进行识别。此外,标识也具有与条形码不同的地方。例如,标签可以自动或是在外力的作用下主动将存储的信息发射出去。

2. 信号接收机

在信号发射之后,还需要信号接收机来对发射的信号进行收集。通常,这种信号接收机又被人们称为阅读器。每种阅读机的复杂程度都是不同的,通常会根据其所支持的标签类型的不同,或是所完成的功能的不同而有所区别。在信息传输的过程中,阅读器所充当的最为基本的功能就是,被称为标签数据传输的途径。除此之外,阅读器还提供相当复杂的信号状态控制、奇偶错误校验与更正功能等。

3.编程器

编程器是向标签写入数据的装置。在信息传输的过程中,并不是所有的信息都需要编程器,而是那些可读可写的标签系统才需要。在通常情况下,编程器写入数据都是通过离线完成的,也就是说,数据需要提前被写入标签中,然后在实际使用时直接将标签黏贴在被标识的项目上。还有一些特殊的应用系统,如RFID等,其数据是通过在线完成的,尤其是在生产环境中作为交互式便携数据文件来处理时使用。

4.天线

天线是标签与阅读器之间传输数据的发射、接收装置。在实际应用中,数据的发射和接收会受到多种因素的影响,包括系统功率,甚至是天线的形状和相对位置,因此在对天线进行设计的过程中,必须聘请专业人员来进行操作,保证射频技术的顺利使用。

三、EOS 与 POS 技术

(一)电子订货系统(EOS)

EOS即电子自动订货系统(Electronic Ordering System),指企业利用互联网终端设备通过在线的方式进行订货与采购的系统。

EOS是一种先进的电子商务物流技术,包含了很多先进的管理手段,在企业物流管理中占有十分重要的地位。其他的订货方式往往需要通过大量单据的来往才能形成一项业务,对企业来说往往需要耗费很多时间和精力。利用 EOS 系统,企业可以缩短从接订单到订货的时间,以提高企业运行的效率,达到节约企业成本的目的。

对于电子商务企业来说,EOS 这种订货系统能够最大程度地降低企业的库存总量,物流的各个环节之间的信息沟通更加有效率,更能丰富物流系统所需的各类信息。

以零售商向批发商的订货为例,EOS 系统的基本流程大致如下。

(1)零售企业通过条形码阅读器将需要采购的商品输入计算机系统中,通过网络传给批发商。

(2)批发商接收到来自于零售商的订货信息,开出拣货单,实施派货活动。

(3)物流企业根据送货单将所需货物从批发商向零售商运送货物,送货单便是批发商的应收账款资料。

(4)零售商对所收货物验收,通过网络按照约定向订货商打款,完成订货活动。

EOS 系统还有其他许多利用方式,在电子商务系统中,零售商便是顾客,批发商便是电子商务企业。

(二)销售时点系统(POS)

POS 即销售时点信息系统(Point of Sale),是通过一些自动读取信息的终端设备读取销售商品的各类信息,通过网络上传给有关部门进行加工和处理的系统。

POS 系统能够对商品进行单品管理、员工管理和客户管理,并能适时自动取得销售时点信息和信息集中管理,紧密地连接着供应链,是物流信息系统管理的站点。

1. POS 系统的基本内容

POS 系统包括前段 POS 系统和后端 MIS 系统两大基本组成

部分。

前段 POS 系统是指 POS 系统的信息采集和读取系统,是为商品交易服务的,通过网络连接至后端 MIS 系统。

后端 MIS 系统(Management Information System),主要负责企业各个方面信息的管理,包括库存管理、财务管理、考勤管理等。在前段 POS 系统收集的信息传输回来以后,对其计算、分析和汇总,为企业的经营决策做出有利的依据。

2. POS 系统的应用

POS 系统把现金收款机作为终端机与计算机连接,并通过光电识读设备为计算机录入商品信息。当商品通过结算台扫描时,商品条形码所显示的信息被录入到计算机,计算机从数据库文件中查询到该商品的名称、价格、包装、代码等,经过数据处理后,打印出数据。零售商店主机的条形码数据和商品价格每天或定期更新并下载至店面微机。

四、EDI 技术

(一)EDI 技术的概念

电子数据交换(Electronic Data Interchange,EDI)发展于 20 世纪 70 年代,是将现代计算机技术和通信技术融合为一体的信息交换技术。[1] 在经过 40 多年的发展以后,EDI 技术已经发展成为电子化贸易的重要工具或者方式,广泛应用于各类商业贸易之中,是一套标准规范的贸易信息交流网络。对于当今国际贸易来说,这是一种具有战略意义的信息交换方式。

要准确理解电子数据交换的概念我们应该从以下几个方面入手。

---

[1]　桂学文.电子商务物流管理[M].武汉:华中师范大学出版社,2007,第 233 页.

（1）EDI 的使用主体是进行商品交易的双方，是企业与企业之间的一种数据交换，而不仅仅是组织内的文件传递。

（2）交易双方所传递的文件是符合报文标准的，且有特定的格式。当前，普遍采用联合国的 UN/EDIFACT 作为报文标准。

（3）交易双方都拥有自己的计算机管理信息系统。

（4）交易双方的计算机系统都能够对符合约定标准的交易电文数据信息进行发送、接收和处理等流程。

（5）交易双方的计算机上都安装有网络通信系统，然后据此进行信息传输。需要注意的是，对于传输信息的处理都是由计算机自动进行的，不需要人为的介入和干预。

（二）EDI 在物流系统中的应用

EDI 是一种应用电子技术，它将所要传播的信息通过一种特殊的方式进行加密和解密，在传输的过程中也采用特殊的标准或形式。一般来说，企业贸易所需要往来的单证都在 EDI 传输的范围内。

对于物流信息系统来说，EDI 是一种重要工具。在电子商务活动中，物流信息是由物流运输单位、卖家、客户之间的沟通需要产生的。在这一系统中，电子商务企业和物流企业都需要对物流信息制定或者修改物流计划。EDI 则正好可以满足企业的这方面要求。利用 EDI 技术传输的信息，企业不仅可以及时获得信息，提高质量的服务，提高工作效率，降低成本费用，同时还有利于减少订货周期中的不确定性，缩短事务周期，提高企业的市场竞争力等。

五、GPS/GIS 技术

（一）全球定位系统（GPS）

GPS 是 Global Positioning System 的简称，中文为"全球定位

系统"。GPS 结合了卫星及无线技术的导航系统,能够实现全球覆盖,可以全天候进行使用,并且具有很高的精确度。可以随时对全球范围内的海洋、陆地、空中的目标提供持续实时的三维定位、三维速度及精确时间信息。

1.GPS 系统的组成

全球定位系统主要是由三部分组成的,包括空间部分、地面监控部分和客户接收机,是美国第二代卫星导航系统。

对于地面监控来说,其主要是由一个主控站、三个注入站和五个监控站共同组成的。注入站的主要作用是负责向卫星传输数据。在监控站中,设有 GPS 客户接收机、原子钟、传感器和计算机等,其中传感器的主要作用是对当地的气象数据进行收集,而计算机的主要作用是对收集到的数据进行初步的分析和处理。监控站的主要作用是,获取卫星观测数据,然后将其传送到主控站。主控站可以对地面监控部进行全面的控制。并且,通常情况下,主控站都会设在范登堡空军基地。对于主控站来说,其主要作用是对各监控站对 GPS 卫星的全部观测数据进行收集,然后通过这些数据对每颗 GPS 卫星的轨道和卫星钟改正值进行计算。

2.利用 GPS 技术实现货物跟踪管理

货物跟踪是指物流运输企业利用现代信息技术及时获取有关货物运输状态的信息,如货物品种、数量、货物在途情况、交货期间、发货地和到达地、货物的货柜、送货责任车辆和人员等。

这些信息对企业的运输管理决策具有很高的参考价值,可以为提高企业的运输效率提供可靠的保障。在运输过程之中,企业通过条形码扫描将运输货物的基本信息输入到计算机之中,然后再通过互联网将这些信息归档到企业总部的数据库之中,这样企业可以实现对每一件出库货物的跟踪,并且可以随时对这些货物进行位置和运输状态的查询。

3. GPS 的物流功能

第一，实时监控。通过 GPS 系统，人们可以随时对载有货物的运输工具进行位置上的查询。

第二，双向通信。双向通信是指 GPS 的使用者，可以通过 GPS 的终端设备与实现与载有该系统的运输工具进行交流。

第三，数据存储及分析。数据存储和分析是指载有该系统的运输工具可以通过该系统对自己的运输线路进行记录，并帮助运输调度人员安排最合理、最经济的运输线路。

（二）地理信息系统（GIS）

GIS 就是地理信息系统（Geographic Information System），其最初产生在 20 世纪 60 年代，是一项地理学研究新成果，在后来获得了飞速的发展。GIS 系统是多学科集成，其应用范围极为广泛，具有数据采集、输入、编辑、存储、管理、空间分析、查询、输出和显示等多项功能，可以帮助系统用户进行预测、监测、规划管理和决策等，提供科学依据。

地理空间是 GIS 系统运行的基础，其是利用地理模型的分析方法，及时提供多种空间、动态的地理信息，以此来为部门、企业或是个人进行经济决策提供依据。在物流领域的实际应用中，通过使用 GIS 系统，有利于实现资源的优化配置，提高经济收益。

在具体的应用领域中，GIS 可以帮助分析解决下列问题。

（1）定位（Location）：研究的对象位于何处？周围的环境如何？研究对象相互之间的地理位置关系如何？

（2）条件（Condition）：有哪些地方符合某项事物（或业务）发生（或进行）所设定的特定经济地理条件？

（3）趋势（Trends）：研究对象或环境从某个时间起发生了什么样的变化？今后演变的趋势是怎样的？

（4）模式（Patterns）：研究对象的分布存在哪些空间模式？

（5）模拟（Modeling）：当发生假设条件时，研究对象会发生哪些变化？引起怎样的结果？

对于 GIS 系统来说，其最突出的功能就是可以将收集到的数据，通过地图的方式表现出来，在将各种空间要素和属性组合起来之后，就可以制作出各种不同的信息地图。从原理上来说，专题地图在制作过程中始终都没有超出传统关系数据库的功能范围，但是其着重突出了空间要素和属性信息的组合功能，并且应用范围也大大拓宽了。因此，通过 GIS 系统，可以进行空间查询和空间分析。空间分析极为重要，其是企业制定规定和决策的重要基础。

第四节　电子商务物流的主要模式选择

物流模式是企业将产品送往用户手中所采用的物流运作方式。从当前技术发展的状态和客户的需要来看，我国企业的物流模式主要有物流一体化模式、企业自营物流模式、物流联盟模式、云物流模式、第三方物流模式、第四方物流模式等。

一、物流一体化模式

物流一体化模式是基于第三方物流模式发展而来的。在这个模式之中，第三方物流企业与生产企业、销售企业捆绑在一起。销售企业在接到消费者的订单之后，立马向生产企业下订单，生产企业则通过第三方物流企业直接向消费者供应产品。在这个模式之中，各方均有明确的职责。销售企业负责消费者信息的收集，生产企业负责产品生产，而物流企业则负责将产品从生产商直接递送到消费者手中。这一模式对于参与的企业来说业务运行都比较稳定，能够合理调节资源的余缺并充分利用。对于电子商务行业来说，这一模式的发展是一种成熟的和高级的阶段，是比较完整且稳定的。

物流一体化具有以下几个方面的优点。

第一,物流一体化模式可以有效降低企业的物流成本。物流一体化模式是在供应链上实现物流资源的整合,客户可以对参与到其中的物流企业进行集中的管理和调度,降低其物流运行的成本,从而提高企业的竞争力。

第二,有利于提高整个物流系统的运作效率和顾客服务水平。物流一体化管理使整个产供销系统生产经营成本降低,产品能以较低的价位销售给顾客,带给顾客较高的满意度,同时物流一体化管理为灵活、快速、优质的物流服务提供了保障。

第三,易于形成物流企业之间的协同竞争,强化各自业务领域上的核心竞争力。在不断变换的社会经济环境的压力下,单个企业难以依靠自己的资源长期赶上市场变化的速度,必须将有限的资源集中在核心业务上。因此,不同的企业将自身的优势集中在一起,形成一个可靠的战略联盟,将有利于他们应对外部风险,共享经济发展过程中的收益。

二、企业自营物流模式

顾名思义,企业自营物流模式是指企业自己建立的一套物流系统。通常来说,一家大型制造企业的销售网络是和其物流网络联系在一起的。借助于原有的销售网络,企业能够迅速构建一个物流配送网络。因此,对于这样的企业来说,他们不需要新增大规模的投资来构建一个属于自己的物流企业。

(一)自营物流模式的优点

1.能提高客户满意度

由于企业自身即拥有专业的物流设施与队伍,企业自身则可以自由调度和掌握配送的主动权,降低了同其他公司相互沟通的时间成本。企业在网络上接到订单以后,即可安排物流配送,缩短了很多环节,保证客户能够在最短的时间内拿到商品。这种做法在一定程度上提升了客户的满意度。自营物流的模式还可以向客户传递企业文化。快递员作为企业的员工之一,深受企业文化的影响。通过与客户建立长期的供应关系,客户也能够受到企业文化的影响,从而将客户转化成为企业的员工之一。

2.能充分利用现有资源

自营物流的优点是能够充分利用企业现有的资源。企业存货的仓库、企业供应原材料的运输设备、部分富余人员都可以转化为企业自营物流的一部分。拓展企业物流,企业还可以将一部分一线员工转化成为新的资源,拓展他们的潜力。

3.及时了解客户的需求信息

自营物流模式还可以为企业提供新的信息渠道。自营物流的每一位快递员都是客户信息的一个收集渠道。每日的工作会议将快递员工昨日送货时收集的客户信息收集起来,反馈给企业,对企业来说也是一个财富。

(二)自营物流模式的缺点

1.物流成本难以计算

由于企业自营物流模式将企业原有的资源都全部利用了起来,多个部门共用一些资源造成了这些方面费用计算起来比较困难。相较于其他物流企业来说,自营物流企业的人工费、物流设施的折旧费、保险费、水电费、租金等在现行会计制度下计算较为困难。

2.不利于提高企业的核心竞争力

自营物流模式下,企业所关注的领域较多,事务繁杂,分散了企业经营过程中的精力。相对于那些将非核心业务外包出去的企业来说,这些企业存在着精力难以为继的现实。因此,企业在这种模式下通常不会专注于自己的核心竞争力。

3.物流管理难以专业化

自营物流,企业所雇佣的员工大多数都是企业内部员工。相对于专业的物流人士来说,这些员工并不是专业人才,物流管理方面的素质较低。这一现实就导致了自营物流管理难以专业化。

4.物流规模难以扩大

自营物流模式需要企业投入大量的资金用于配送中心、仓库、物流信息系统的建设和购买物流设备,需要组建自己的物流配送队伍,这对缺乏资金的企业,特别是对中小企业来说是个比较大的负担。因此一般电子商务自营物流模式由于受资金限制,物流规模难以扩大。

三、物流联盟模式

物流联盟是指两个及其以上的经济组织为了实现特定的目标而采取的联合。借助于双方的优势互补,两者能够实现双方共赢。物流联盟之中的企业各自在自己的领域都有较强的专业实力,他们相互依赖并合作,实现了各自的盈利。

物流联盟模式是一种介于自营物流和物流外包之间的一种模式。由于双方的专业性较强,因此他们相较于这两种模式来说,风险和成本都很小。参与物流联盟的企业能够取长补短,获得对方的支持和信任,在专业打造产品的同时实现企业的盈利。

从上面的论述中可以看出,物流联盟模式具有以下几个方面的特征。

第一,联盟内部企业相互依赖。能够组成联盟的企业往往是优势互补的。联盟内部的企业能够重新回归到自身的核心业务中去。

第二,各个企业具有明确的分工。组建物流联盟,各个企业需要签订一项具有约束力的合同。在这份合同的约束下,各个企业自觉减少不必要的对抗与冲突,专注于联盟内部的分工,致力于企业业务的拓展和产品质量水平的提高。

第三,各个企业重视合作。联盟的作用就在于提升各个企业的合作力度。不同地区的物流企业通过物流联盟向电子商务客户服务,共同提升服务质量,满足电子商务企业对产品质量的需求。对于电子商务企业来说,物流联盟则能够降低成本,降低投资和风险,提高企业的竞争能力。

四、云物流模式

(一)云物流的概念

随着电子商务运营技术的发展,传统物流模式的适应能力显然捉襟见肘。现代物流配送的需求,必须在新技术的支撑下不断突破。而产生这一变化的结果则是云物流模式。

在激烈的竞争压力下,物流企业要进一步纵深化发展,必须不断提升其规模,获得经济效应。而目前的物流竞争无论在服务平台还是在运作模式方面都有一些问题难以解决。首先,在物流服务模式上,传统的物流联盟模式并没有集中管理这类服务。对于解决当前物流服务的需求来说,存在一定的困难。通过网络链接,将个性化的物流服务转化成为集中管理的物流资源集群,是当今所有物流企业都亟待解决的一个重要问题。这一问题的解决对物流企业的运营以及物流企业成本的节约来说都有一定的作用。其次,在社会化物流压力下,原有的任务分配模式建立在资源共享、任务共担的一种独立系统的基础上,通常是按照客户的需求以固定的模式提供配送服务,不能实现资源供给和需求之间的智能匹配和动态分配的组合。这种现实使得现有的物流分配模式的发展受到一定的限制。最后,在物流运送安全问题方面,由于传统模式在利益分配方面存在信息不均衡的问题,各个企业也担心自己的核心数据泄露，所谓共同平台在这些因素的影响下形同虚设，严重阻碍了物流配送服务的发展。另外，由于目前的竞争系统使得当前的利润空间变得十分稀薄，物流企业对现有的共同配送模式兴趣也不大。这些现状都造成了当前物流系统发展缓慢的现状。

正是由于传统物流模式存在的这些问题，物流服务的革新也就显得迫不及待。一种新的服务化计算模式——云计算也就得到了迅速的发展。云计算的核心思想是将大量可利用的网络资源链接起来，形成统一的管理和调度。在这种思想以及技术的支持下，新的物流模式发展也就不再遥不可及。按需服务、个性化实现，这种传统的社会运作难题也就逐渐拨开云雾见月明了。技术上已经能够实现这些想法。新的物流服务形式也已经可以实现。

云物流这种模式是云计算与社会化物流结合起来的，利用了云技术与现有社会物流资源，能够向用户提供结合起来的物流网络服务，是一种新型的物流服务理念。云物流理念能够为节约型社会的建设奠定基础，在动态分配、智能分配上有突破的发展，高效运用了社会资源，降低了社会整体的物流成本。

云物流这种模式是通过云技术实现物流软、硬件资源的组织和整合。通过相配套的物联网技术、嵌入式技术和模块化设计，社会上的物流资源可以很快融入这个网络之中。人们在这个网络里实现物流资源的管理、监控与共享，按需分配物流资源。虚拟化的技术实现了物流配送资源的全国互联与控制。物流资源的转化使人们共享了一个虚拟并动态扩展的虚拟物流服务云体系，在云计算技术的支持下，人们可以自动搜索与匹配物流资源，既保证了自己的数据安全，又满足了物流服务的需求。

云物流模式的整体构架是通过物流资源运营者的网络将物流资源提供者的资源接入进来，资源使用者在网络上观察到闲置的物流资源，便可向资源提供者提出需求，实现物流资源的高效利用，一方面降低了物流资源提供者保留物流资源的成本，另一方面则满足了自己个性化的物流需要，如图 5-3 所示。

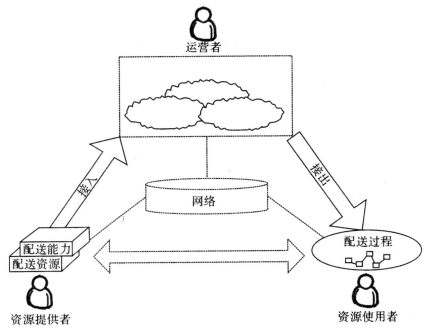

图 5-3　云物流的运营原理

　　云物流思想的提出,为解决复杂的物流问题提供了一个解决方式。在云物流平台上,人们可以迅速观察到物流资源的使用状况,甚至可以对未来几天的资源使用产生一定的预期。人们的观察拓展了人们的物流思路。通过云平台,人们设计出一套符合自己需求的物流配送路线,并结合大数据和物联网技术,人们能够实现自己的各种特殊需求。因此,通过公共的云服务平台,人们能够实现自己的物流选择,满足自己各种物流需求,实现用户随时的按需配送,获得安全可靠、优质价廉的物流服务。

（二）云物流模式的特征

　　从以上对云物流定义的阐述可以理解到,云物流是一种面向社会服务的、低耗费且高效的网络化物流运作模式,突破了传统物流概念对物流配送的约束。云物流模式具有以下这些方面的典型特征。

1.基于资源共享与知识共享的物流模式

与传统的物流模式相比,云物流的运作模式可以提供多方面的资源共享,从上面的论述中就可以见到一些端倪。在云物流模式之中,基于电子商务技术和客户需求的大数据与物联网技术能够迅速展开。客户的资源能够迅速在云平台上展示出来。这一技术能够帮助企业真正实现资源的全面共享与交易。

2.用户参与的物流模式

云物流模式将客户有效融入物流服务体系之中。物流企业在关注自己产品的同时,借助技术能够迅速观察到客户的需求。在新的模式之中,只有那些能够迅速关注客户的物流企业才能真正生存下来。用户有效参与的模式在物流行业发展之中真正起到决定性作用。

3.高敏捷性与可伸缩性的物流模式

云物流技术的服务提供是基于客户的,并且是一种动态的。大数据技术可以迅速掌握客户的需求动向,云计算技术则可以迅速展示出客户的需求数量。这两方面的结合则能够帮助物流企业锁定客户需求的数量与质量,制定产品发展战略。

4.低门槛与合作式的配送模式

传统物流模式要求物流企业必须拥有一定数量的物流装备。而在新的物流模式下,这些装备则有可能转化成为公共设施,提供物流服务的企业只需租用。因此,在云物流模式下,物流企业可能并不需要复杂的物流设备,物流行业的装备水平则由政府决定。新模式下,企业进入物流行业的门槛将大幅降低。

5.按需使用与计量付费的物流模式

新的物流模式将不会按照传统的计费方式进行,而是会按照产品提供的质量与数量进行计费。在传统计费方式的基础上,云物流模式的计费方式也要发生根本性变革。在互联网金融支付技术的支持下,云物流模式能够实现客户与企业的组合。用户向互联网金融商提供费用保障金,在需求得到满足之后,付完剩下的费用。客户与物流商的交易达成之后,互联网金融商则会将这一部分费用提供给物流企业。在这一模式之中,由于互联网信息的公开性,参与的每一个人都会非常重视自己的信用。

6. 面向服务与需求的物流模式

传统物流是面向客户的。客户向物流公司提出需求,物流公司向客户提供运送服务。在云物流模式之中,这一特征继续保留下来,只不过其需求范围更广。云计算技术能够帮助客户随时向物流公司提出需求,在云平台上运营的物流公司也随时能够了解到客户的需求,向客户提供服务。因此,可以说,云物流技术解决的重点是随时发生的客户需求。

7. 面向个性化需求与动态的物流模式

云物流模式是一种动态响应的物流服务模式。在这一模式下,客户能够随时向物流公司提出物流需求,并要求合适的物流公司提供特定的物流服务。在现代物流模块化运营的前提下,物流服务是物流公司定制的,客户只能遵从,并不能提出适合自己需要的服务方式。这种模式显然对于电子商务企业的进步来说十分不利。新的物流模式则满足了电子商务企业发展的需求。客户可以在云物流平台上,通过模块化单元提出自己的要求,并且这些模块化的单元是可以通过物联网和大数据技术进行修改的,以随时响应客户的要求。

(三)云计算模式与社会化物流的关系

随着电子信息技术的迅速发展,云计算技术即将成为 IT 行业发展的新宠。在云计算技术的支撑下,社会化物流的模式则逐渐出现在工种的面前,实现了个性化的物流服务。因此,云计算技术和社会化物流两个概念的融合,将为物流行业带来新的巨大变革。下面将从云计算和社会化物流的含义着手阐释云技术对社会化物流的支撑作用。

1.云计算的含义

从云计算的加密技术进行划分,云技术可以划分为三类,分别是公共云、私有云和混合云。其中,公共云是由专门的商业机构所提供,将来自不同用户的计算设置在不同的服务器、存储系统和其他基础设施上,用户则不需要计算来自于具体什么样的计算机上。公共云的运作模式比较开放,加密水平不高,容易造成私人信息泄露,然而公共云的计算能力很强。私有云是指单个用户拥有特定的云设施,控制何种程序可以进行计算,对于运算设备来说有一定的要求。私有云计算技术显然对于加密有一定的要求,各方面运算性能也较高。但是私有云有一个明显的缺陷即私有云的运行成本较高,对于社会化物流来说并不合适。混合云是将公共云和私有云结合起来的一种计算技术。混合云可以将要求不高的客户委托给公共云技术,将要求较高的客户委托给私有云。这种技术扩大了客户的覆盖面,比较容易在较大程度上满足不同客户的要求。

2.社会化物流的含义

社会化物流是指原来的生产厂家之间的订货和采购关系委托给专业化和社会化的物流公司。这些物流公司按照流通和生产企业的要求接受订单,并进行分拣、配货,最终送到各个用户手中。

社会化物流的运送特征主要体现在以下几个方面。

第一,物流运送模块化。现代化物流公司通过大规模的定制提供服务模式,向各个客户提供模块化和标准化的产品,实现生产企业和流通业之间的快速沟通,便于按照客户的需求重新进行组合。大规模定制（Mass Customization）模式是企业适应个性化客户需求所产生的一种新的服务模式。社会化物流则是使用这一模式的一种物流服务模式。

第二，订货和采购服务专业化。专业化的物流企业与生产企业在大规模定制物流服务面前，能够以高效和专业的物流服务快速响应客户的需求。

第三，物流服务网络化运营。社会化物流这一模式远远超越了一个企业可以提供的物流服务范围，通常需要多个企业通过计算机技术实现网络化运营，一方面能降低成本，另一方面则有利于企业实现高标准的物流服务。

第四，物流服务者拥有柔性化的管理能力。企业在大规模定制服务面前要求自身拥有柔性化的服务能力，一方面是为了适应不同客户的要求，另一方面是为了适应社会化物流服务。

伴随着社会经济一体化和企业经营全球化的经济巨变过程，企业所处的社会环境发生了巨大的变化。竞争激烈、迅速变化、客户主导是这个时期的特征。然而从根本上说仍有巨大变化的商业模式使得人们不得不积极控制物流服务的成本，而正是这个原因诞生了社会化物流服务。

3.云计算与社会化物流

云计算与社会化物流的配合将使得物流的模式出现新的变化，这是毋庸置疑的。两个概念之间存在着密切的关系。云计算这种开放性的计算方式使得整个社会闲置的资源都活跃起来。社会化物流的配送方式为满足客户个性化需求则需要这种资源的支撑。二者之间的相互补充关系使得两个技术相互结合起来，互相促进，互相影响。

一方面，作为一种 IT 技术，云计算拥有大量的资源，在云平台上运行的各个用户能够不断降低自己的成本，而且可以为客户提供个性化服务。因此，云计算是一种非常适合于调动各种资源满足客户不同程度需要的社会化物流。云计算为复杂的社会化物流模式降低了成本,提高了运行效率。

另一方面,社会化物流需要大量的数据计算作为支撑。社会化物流要有一定的商务平台作为基础。可想而知,面对如此多的用户以及他们不同的需求,这个平台必须要有强大的计算能力作为基础。社会化物流的功能模块运行还需要云计算进行集中式的开发。社会化物流面对的是不断改变的物流服务需求。因此,其功能模块必须不断变化。

五、第三方物流模式

第三方物流系统是一种协调企业之间的物流运输并为企业提供后勤服务的方法和策略。第三方物流系统可以有效实现物流供应链的集成。供应链上的企业通过将物流业务外包给第三方物流专业公司代理,从而实现物流效率和物流服务水平的提高,最终促进整条供应链的效率提高。

(一)第三方物流系统的发展和运用

第三方物流最早兴起于 20 世纪 90 年代,企业开始将自身无法完成或完成相对困难的物流业务外包给专业的第三方物流企业代理,久而久之,就形成了规模较大的第三方物流系统。

根据我国 2004 年的统计结果,我国的物流外包增长呈现迅猛的趋势,表 5-2 为三大类企业的物流外包业务占总物流业务的比例。

表 5-2　物流外包的增长趋势

企业类型	全部或部分外包占总物流业务比例
生产企业	73%
制造企业	57%
商贸企业	38%

物流外包已经在全世界范围内成为一种非常重要的商业行为。企业将物流外包业务作为一种提高自身竞争优势的战略。企业通过将自己的非核心业务外包给第三方专业物流企业，来集中精力发展自己的核心业务，从而实现企业竞争优势的提升。

（二）第三方物流的优势

企业选择将一部分的物流业务外包给第三方专业的物流公司进行代理往往出于不同的原因。表5-3就是企业选择外包的原因。

表5-3　企业选择外包的原因

战术外包	战略外包
减少成本	增强核心能力
释放现金，获得新服务	利用高水平能力增加再造收益
将固定成本变为变动成本	减少管理风险，改变资源用途
增加功能，解决问题	获取技能，获得灵活性

总结来说，企业选择第三方物流可能会带来以下几方面的好处。

1.企业获得更加专业化的服务、降低运营成本

第三方物流公司将多个企业的需求进行集成运输。在供应管理模式下，由于各企业都采取多批次、小批量的采购和运输方式，因此会造成运输频次的增加，从而提高运输成本，第三方物流将多个企业的商品和服务集成到一起，采用混装运输的方式，提高每频次的运输数量，从而降低运输成本。企业在将物流业务外包给第三方物流除了获得更专业化的服务之外，也降低了企业的运营成本。

2.解决企业资源有限的问题、专注核心业务发展

企业的主要资源包括资金、技术、人才、生产设备、销售网络

以及配套设施等等。这些因素都是制约企业发展的重要指标。因此,企业想要更好地提升自身竞争力,就应该把这些有限的资源集中运用在核心业务的开发上,如果企业在开发核心业务的同时,还要兼管物流服务的开发,就会造成资源供不应求的状况。将物流外包给第三方专业公司能有效缓解这一问题,企业可以集中资源在核心能力的提高上,从而保证自身能持续地发展下去。

3.提高企业的运作柔性和形象

提高企业的柔性也是企业选择第三方物流系统的重要原因之一。企业通过将物流外包给第三方专业公司来实现企业组织结构的精简,从而减轻由于企业组织规模过大导致的组织反应迟钝、缺少创新精神的问题。

同时,第三方物流企业能为用户提供更加专业化的服务,这对企业树立良好的品牌形象,吸引更多的客户有重要意义。

4.降低风险

企业通过外包物流业务,实现了和其他企业共同承担物流业务风险的目的,从而降低了自身的物流风险。同时,企业之间可以通过建立战略同盟关系的方式,促进各企业发挥自己的所长,从而促进生产商品的质量得到保证,减轻各企业的运营风险。

(三)企业运用第三方物流系统的决策步骤

企业在运用第三方物流系统时,通常要考虑到一些重要因素,比如物流外包的产品内容、物流外包的对象、物流外包的控制等等。总的来说,企业在进行第三方物流系统的决策时要经历以下步骤。

1.内部分析评价

企业在进行物流外包之前,首先要确定自身的核心业务,确定出核心业务之后,企业的非核心业务就成为可以外包的对象。具体在选择外包内容的时候应该考虑以下因素。

（1）这些功能和活动的评价。

（2）这些活动的依赖性是什么。

（3）这些活动是否会成为企业的核心业务和能力。

2.供应商评估和选择

在确定了具体的外包内容之后，就要对供应商进行选择。在对供应商进行评估和选择时，也应当考虑第三方物流企业的多重因素，具体包括：信誉问题、财务状况、设备状况、物流人才、文化适应程度以及被证实的跟踪记录等等。此外，还可以同供应商的现有客户进行沟通，来了解供应商的详细信息。

3.执行和管理

外包方案确定后，就要对方案进行执行和管理。企业对外包方案管理的通常做法是：成立一个专门的项目管理小组，管理小组主要负责同外包商进行谈判、对外包项目的进程进行评价、收集和及时反馈外包项目的信息，同时，当外包商违反合同规定，提供的产品或服务不符合标准时，项目小组有权对外包商提出异议，并促其进行修改。

培养良好的外包关系，不仅有利于企业降低自身的外包风险，而且能促进外包项目的顺利实施。为了达到这个目的，企业可以同外包商之间建立相互信任的合作关系，利用双方的企业优势进行互补，从而实现企业同外包商的效益双赢。

六、第四方物流模式

第四方物流的概念首先由美国安盛咨询公司提出。安盛咨询将其定义为"一个调配和管理组织自身的及具有互补性的服务提供商的资源、能力与技术，来提供全面的供应链解决方案的供应链集成商"[1]。这实际上说明第四方物流的本质是虚拟物流。

---

① 张丽.现代企业物流管理[M].北京:中国水利水电出版社,2014,第334页.

第四方物流企业依靠业内最为优秀的第三方物流供应商、技术供应商、管理咨询顾问和其他增值服务商,整合社会各个层面的资源,通过供应链的影响力,向用户提供的独特的供应链解决方案,为顾客带来物流服务的价值。

同传统的第三方物流相比,第四方物流整合的服务更多,覆盖的地区也更为广泛,对于从事这一方面的物流服务公司来说素质要求也更高。因此,第四方物流企业必须在功能、服务、便捷程度等方面有着普通第三方物流企业所不可企及的优势。

(一)第四方物流的功能

第一,向客户提供优秀的供应链管理服务。第四方物流企业通过整合社会资源,向客户提供覆盖整个供应链网络的服务。

第二,实现行业内运输一体化整合。第四方物流企业依靠自己强大的资源整合能力,在运输公司和物流公司之间进行有效的协调,实现双方的衔接。

第三,供应链再造功能。第四方物流企业的供应链服务非常灵活。由于他们掌握了丰富的供应链资源,他们能够及时调整自己的战略战术,实现其高效运作。

第三方物流企业限于自己的能力,往往只向客户提供有限的服务,不大可能在技术、仓储和运输等方面提供较大程度地整合。因此,第四方物流企业则在这一方面成为第三方物流企业功能运作的"协助提高者"。

(二)第四方物流的基本运作模型

1.方案集成商模型

第四方物流一直致力于为客户提供整个供应链解决方案。第四方物流企业集中于第三方物流企业的物流资源和社会其他企业的资源整合,借助第三方物流企业的运输能力,向客户提供整个供应链服务,包括采购、运输、供应链金融等方面。其实,第四方物流企业已经超越了传统的物流服务提供商的意义，转化成为物流企业的供应链服务管理商。

2.行业创新者模型

第四方物流的行业焦点是解决客户的供应链问题，是为整合整个供应链上下游的资源为重点的。第四方物流以第三方物流为基础向上下游的客户提供卓越的供应链服务。因此，第四方物流这一模式必须注重行业创新，根据客户的要求，整合行业资源，向客户提供优越的供应链服务。在供应链管理中，不同的电子商务企业有不同的问题。第四方物流企业必须要正视这个问题，一方面创建一些基础的模型，将常见的供应链物流问题融入进来，另一方面要注重不断整合物流行业和社会其他行业的资源，解决客户遇到的各种临时问题。

3.超能力组合(1＋1＞2)协同运作模型

第四方物流企业的眼界更为开放。他们协同了客户、第三方物流企业、金融企业、个体业主之间的合作，向其客户提供了包括技术、供应链策略、市场进入策略、项目管理策略在内的专业能力。第四方物流企业向其客户提供的服务往往是一般企业实现不了的。客户所有的供应链管理需要，他们都能够满足。因此，他们的运作方式实际上为客户提供了更宽广的运作空间。联邦快递公司是在这方面开展业务较早的公司，他们强大的实力和品牌效应提高了他们应对这些问题的能力，并且其合资公司和并购公司也间接地为他们的运作奠定了基础。

第四方物流模式尚在发展之中，其模型并不确定。但是，不论第四方物流企业采取何种的模型，其根本目标都是为了解决客户的问题。第四方物流企业不受物流行业的约束，直接将自己放在整个社会资源整合者的位置，各种新的模型都有可能出现。这一点是第三方物流企业所不可及的。第三方物流企业无法在技术资金上实现突破，对于客户来说存在一定的限制。

第五节　电子商务物流的成本管理与控制

一、电子商务物流成本的核算

物流成本的计算通常与财务部门紧密相连,对物流管理来说是十分重要的步骤。物流成本的计算需要连续、频繁的进行。物流成本计算的目的是为企业物流系统的完善提供基础和依据。电子商务物流成本的计算方法根据分类方式的不同主要有以下四种。

(一)按支付形态计算

按支付形态计算是指按照支付形态的不同,将一定时期内的费用因素进行分类计算的物流成本核算的方式。这种计算方法以与财务会计相关的费用支出为基础,主要包括材料费、人工费、维护费、管理费等等多种费用的计算。

(二)按物流管理的基本活动计算

以物流管理的基本功能活动为基础的电子商务物流成本的计算方法为:

企业物流总成本＝运输成本＋存货持有成长＋物流行政管理成本

在物流管理中,由于跨边界和开放性的特点,导致企业的一系列相互关联的物流成本既发生在企业内部的不同部门,又发生在与企业有合作关系的合作伙伴那里。因此,物流成本不仅和企业的生产和销售产生直接的关系,而且又涉及客户的物流服务需求。因此,这个计算方式是为了使企业和客户都能清楚明了地推算出企业各物流项目的物流总成本。但是在具体操作过程中,仍然具有很大的难度。

（三）按物流项目进行计算

按物流项目进行计算就是对于电子商务物流活动产生的物流成本按照活动的不同进行分开计算。这种计算方式的运用主要是为了适应物流服务新出现的过程特征以及跨越现行会计制度的缺陷。这种计算方法在实际操作中有一个前提条件，那就是要先弄明白物流成本以及物流活动之间的关系，在能够控制物流活动过程的预算体系以及物流服务绩效管理指标体系的协助下，才能进行这种计算。2002 年，Ray Muncly 教授提出了这种计算方式的概念性公式如下：

物流总成本＝物流费用＋所动用的物流服务资产的总价值×资产占用费率

这一类方法对研究物流总成本来说是一条新的思路途径，但是在实际应用中，和物流成本管理实践的要求还存在着较大的差距。

（四）按成本分析法计算

按成本分析法进行计算是以物流活动为基础的，这种方法被普遍认为是确定和控制物流费用最有前途的方法。

采用传统的成本计算法进行物流成本的计算时，企业的会计部门只会把会计科目中支付给外部运输和仓库企业的费用归入成本，而这些费用在整个物流总成本中只是很少的一部分，比如企业使用自己的车进行运输、商品有企业内部员工进行包装和装卸，这些其实都是会产生费用的，但是都没有被算在物流成本当中。因此，传统的成本计算法在对费用和物流成本进行分析和确认时往往存在很多缺陷。

传统的成本计算法已经不适用于现代的企业生产，很多费用不能在物流总成本中得到体现也导致了物流控制无法有效、科学地进行。在现代成本计算中，普遍采用"数量基础成本计算"的方式,就是将与产量相关的直接工时、机器小时以及材料耗用额作为成本计算的依据和基础。采用这种计算方式,使企业的物流活动成本大幅上升,很多企业的物流费用都已经超出了可控范围,并且造成了物流服务水平的下降,这种危机在当前高科技背景下的先进制造企业是非常致命的。

而现在采用的物流成本核算方法则是以成本分析法为基础的一种作业成本法,在企业中采用作业成本法对物流成本进行计算进而进行管理可分为以下四个主要步骤。

1. 界定各个作业

作业在企业中是每一项工作的单位,作业的类型和数量也会根据企业的不同而存在差异。在这个阶段,就是要对企业物流系统中涉及的各个作业进行界定。比如,顾客服务部门的作业就包括处理客户订单、解决产品问题等等。

2. 确认物流资源

成本来源于资源,确认物流资源详细来说就是对企业在物流系统中涉及的所有资源进行确认。企业的物流系统在物流活动中涉及的各项资源包括直接劳动力、直接材料、生产维持成本、制造费用以及包括宣传在内的生产外费用。资源界定的基础是作业界定,也就是说,只有作业涉及的资源才能算做这个阶段界定的对象。

3. 确认资源动因并将资源分配到作业

作业对资源耗用量的直接影响被称为资源动因。资源动因连接着资源和作业两大因素,在这个阶段就是要在确定资源动因的基础上,将总分类账目上的资源成本分配到作业。

4. 确认作业动因并将成本分配到产品或服务

成本对象和作业消耗之间的逻辑关系就是作业动因。比如,问题越多的产品就会产生越多的客户咨询电话,而这个案例中电话数的多少就是作业动因。在这个步骤中,就是要确定这种作业动因并将它会产生的成本分配到具体的产品或服务中去。

对物流成本进行分析和计算是为了实现在提供的物流服务水平一定的前提条件下尽可能地降低企业的物流成本,以提高企业的竞争力。对物流成本的分析和管理要站在宏观的角度进行,由于物流是一个相对大的系统,如果不能从整体对其进行分析和管理,可能会造成大系统下的各个子系统之间各自为政的现象,这样就反而会造成物流成本的上升,不利于企业经营和发展。国外一些国家对物流成本的研究已经有了相当长的时间,也形成了相对完善的物流成本分析核算体系,而我国在这方面的研究开展得较晚,相关的政策和法规的制定都相对落后,还没有形成一套完整的物流成本核算体系,这使得我国企业在进行物流成本的核算时没有相关的政策作为依据,因此难度仍然很大。

二、电子商务物流的成本管理

电子商务物流成本管理主要包括三种基本方法,分别是物流成本横向管理法、物流成本纵向管理法以及计算机系统管理法。

(一)物流成本横向管理法

物流成本的横向管理就是对物流成本进行预测和编制计划的过程。物流成本的预测是企业对本年度的企业经营活动可能造成的物流成本进行预测和分析,在充分考虑降低物流成本的潜在因素的基础上,寻求能够使物流成本最低化的方法。而物流成本计划的编制则是在物流成本预测的基础上,按时间对企业的物流成本进行规划。物流成本的预测是保证物流成本计划得以顺利运行的基础和保障。

(二)物流成本纵向管理法

物流成本的纵向管理就是对物流活动的整个过程进行管理

和优化。物流活动是由多个环节共同组成的,为了达到物流成本最低化的目标,就要对整个物流活动中的所有环节进行管理,保证在每一个环节,物流成本都得到最大的使用率。物流系统是一个庞大且复杂的系统,要对物流系统进行全程的管理需要借助先进的管理方式和手段。具体来说,采用物流成本纵向管理法,保证物流系统合理、高效运行的主要手段和措施包括以下四种。

1. 运用线性及非线性规则

运用线性规则及非线性规则对物流成本进行管理主要就是通过编制最优运输计划来实现运输过程的优化。[①] 在物流过程中,往往企业会遇到很多运输问题,包括商品的生产厂家数量、商品供应给客户的数量、运费优化等。运用线性规则就可以对已经确定生产成本和单位运输成本及运输距离的物流的运输问题进行解决;而运用非线性规则则可以解决当工厂生产量发生变化、生产费用呈现非线性趋势时的物流问题。

2. 运用系统分析技术

运用系统分析技术,可以帮助企业选择货物运输的最佳数量配比以及最优路线,以实现物资配送的优化。货物配送线路是否合理会直接影响到货物的配送速度和配送费用,从而导致物流成本的差异。目前,最成熟的优化配送线路的方法是节约法,又称为节约里程法。

3. 运用存储论原理

运用存储论的原理对库存量进行合理科学的管理和优化,有助于实现物资存储的最优化。存储在物流系统中是一个重要的步骤,从生产到销售到客户手中,每一个环节的商品都会发生存储问题,因此,在每个阶段,库存量的多少、库存补给的时间和间

---

① 刘胜春,李严峰.电子商务物流管理[M].北京:科学出版社,2009,第313页.

隔都成为影响物流成本的重要因素,运用存储论原理可以有效解决这些问题,其中比较有名的方法是经济订购批量模型,即 EOQ 模型。

4.运用模拟技术

运用模拟技术可以对整个物流系统进行分析,以实现整个物流系统的最优化。运用模拟技术可以控制和管理的对象主要包括物流服务质量、物流费用以及物流的信息反馈。在模拟过程中通过逐次逼近的方法来逐步获得最接近实际数据的影响物流成本的因素和变量。这些因素主要包括流通中心的数目、对客户的服务水平、流通中心收发货时间的长短、库存分布等等。

(三)计算机系统管理法

计算机系统管理法就是将物流成本的横向管理法和纵向管理法连接成一个系统,在这个不断优化的系统内进行循环,反复的计算和评价,使物流成本不断优化,最终达到总成本最低的目的。

三、电子商务物流的成本控制

(一)电子商务物流成本控制的思路

电子商务物流成本的控制可以从以下六个基本思路出发进行。

1.从内部成本角度考虑

从企业的内部成本角度分析进行物流成本的控制,要求企业的财务部门设立专门的物流成本项目,对物流活动每一笔费用进行及时的登记,这是企业物流成本管理的重要步骤;此外,企业需要利用会计的方法对物流成本的产生进行分析,总结出物流成本的发生规律,从而更好地对物流成本进行管理和控制。

2.从供应链的角度考虑

从供应链的角度分析,对物流成本进行控制需要整条供应链上的各个企业通过互相合作,对供应链的运作模式进行优化,从而达到实现供应链上各企业物流成本的目标。

3.从利用外部资源考虑

合理、有效利用外部资源能够帮助企业完成部分物流工作的外包,企业将部分物流工作外包给专业的物流公司,通过物流公司的帮助,企业可以获得高质量的专业技术以及规模经济,并且可以促进企业物流资产闲置的减少。同时,在面对突发状况时,有专业物流公司的帮助,企业可以大大提高反应速度。

4.从信息系统角度考虑

从信息系统的角度进行分析来控制物流成本要求企业通过建立信息系统,借助互联网和信息技术的帮助,及时、准确、全面的收集物流活动中的所有信息,以达到提高物流服务效率、降低物流成本的目标。

5.从客户服务水平角度考虑

从客户的服务水平角度进行分析来控制物流成本要求企业要通过各种调查和分析,了解客户对物流服务的需求,从而确定物流服务的质量及水平,避免因过度服务而造成的物流成本的增加。同时,企业需要在确定客户需求的基础上,整合客户服务水平,使物流服务向规模化、专业化发展。

6.从标准化建设角度考虑

从标准化建设的角度对物流成本进行管理要求企业建立标准化的物流成本管理体系,其中应该包括对物流技术、作业规范以及物流服务成本的核算进行标准化规定。其中技术规范的标准化有助于提高物流设施以及运输工具的利用效率;物流成本核算的标准化有助于各企业之间形成物流成本核算的具体指标,使各企业之间的物流成本产生可比性。

(二)电子商务物流成本控制的优化

电子商务物流成本是反映物流作业真实情况的重要依据,通过对物流成本进行计算和分析,可以进一步对企业的经济效益进行研究,从而找出企业在物流中出现的问题并加以解决。由于物流系统中的各个环节之间存在着互相影响且交替损益的关系,因此不能将某一环节的物流成本作为整个总成本的预测基础,物流总成本才是衡量整个物流作业经济效益的统一尺度。因此,对电子商务物流成本进行管理的优化对策要针对物流总成本展开,大体上,优化对策可以分为两大重要的策略,一是物流成本控制策略,二是压缩物流成本策略。

1.物流成本控制策略

物流成本控制策略是指对物流过程中的各个环节的成本进行有计划的管理和控制。物流成本控制策略主要包括两种具体措施。

(1)绝对成本控制

绝对成本控制的方法是指将物流成本控制在一个绝对金额之内。绝对成本控制方法的基础是对整个物流过程的所有环节的物流成本进行统计和记录。绝对成本控制方法的目标是实现成本支出的节约,杜绝浪费现象的发生。

绝对成本控制的两个基本方法是标准成本和预算控制。标准成本是指在一定的假设条件下,对物流过程中应该产生的成本进行研究。

(2)相对成本控制

相对成本控制是指通过与产值、利润、服务水平等指标进行对比,分析物流成本与这些因素之间的关系,从而找出在一定制约因素下最经济科学的控制物流成本的方法。

相对成本控制方法不仅注重物流成本的减少和控制,而且注重与物流成本密切相关的众多因素的分析和研究,这样做的目的是为了提高控制成本支出的效益,从而降低企业支出、提高企业经济效益。

2.压缩物流成本策略

压缩物流成本策略的方式就是在考虑物流以及与物流相关的因素之外,同时也要提出使物流合理化的方法。这样的方法主要包括以改变客户服务水平为目标的物流合理化以及在规定服务水平的前提下,改进物流活动效率的合理化两种。

从降低物流成本的效果来看,改变客户服务水平为目标的物流合理化的方法取得的效果更加明显,然而采用这种方法会带来物流服务水平的改变,因此,在实际操作中,大多数企业会选择由第二种方法入手逐渐转化为第一种方法的做法。

(1)压缩物流成本策略的操作方法

在实际操作过程中,压缩物流成本策略的操作方法按照物流成本具体项目的不同也会存在差异。

第一,运输成本。降低物流成本中运输成本的方法主要包括减少货物的运输次数、提高货运车辆的装载效率、设置最低接受订货量、优化运输手段、通过分离商流和物流的方式缩短物流途径等。

第二,保管费。降低物流成本中保管费的做法主要包括对库存物资进行严格管理、保持库存量的合理化、提高库存货物的保管效率等。

第三,包装成本。降低物流成本中包装成本的主要措施包括采用价格低廉的包装材料、进行简易包装、促进货物包装机械化等。

第四,装卸成本。减少装卸成本的具体操作方法包括减少装卸次数、促进装卸机械化、引进集装箱和托盘等装卸设施等。

（2）合理的库存

库存具有调节生产和销售的功能，因此，保持合理的库存量对于企业的经营来说也是非常重要的一个环节。从降低物流成本的角度考虑，库存量越少越好，但是如果库存量过少，在突然出现订货量增加等情况时，企业就会因为缺货而损失客户。因此，保持合理的库存量是一个很难掌握分寸的环节。

保持合理的库存量首先要对应相应时期的客户需求量，客户需求量的多少就是这个时期库存量的最小值，也就是在这个时期合理的库存量，因此，库存管理的核心任务就是维持好这个数量，并且根据订单和订货日期的改变不断更新合理的库存量。

（3）完善物流途径

从降低物流成本的角度分析，完善物流途径，使之简短化对减少运输费用和货物的装卸费以及保管费具有重要意义。

实行物流途径简短化的重要手段是促进商流和物流之间的分离，通过将货物的商流和物流分离来实现物流途径的简易化，将复杂的商流通过同一个途径从物流途径中分离，从而产生一个合理统一的物流途径。

完善物流途径不仅能缩短运输距离，降低运输费用，而且有利于物流业务的统一管理，可以将各个分店经营的物流业务集中到配送中心进行处理，配送中心就可以对这些物流业务进行统一管理。

（4）扩大运输量

扩大运输量的目的是通过增加每次运输的数量，减少单位运输的费用，从而避免在运输过程中出现设备消耗和成本浪费的现象。

扩大货物的运输量可以通过以下几种方式解决：增加接受订货的最低数量、减少运输次数、与其他企业共同运输等。这三种方式都牵涉到物流服务的质量和水平，因此不能在企业的物流部门单独进行。因为，提高接受订货的最低量就意味着客户每次订货时需要增加数量,这需要获得客户的同意,同样,减少货物的运输次数就意味着会延长货物的送达时间,这也需要获得客户的允许。同时,由于这些方法会改变客户收到货物的成果,因此会影响到销售活动,所以,在进行这些操作措施的过程中,首先要获得销售部门的同意,并且要预先估测物流成本的减少量对销售可能造成的影响,避免出现因过度强调物流成本的控制而造成销售成绩大幅下滑的反效果。

第六章　电子商务法律政策研究

信息时代中出现的种种问题急剧地改变着人们的行为方式。任何事物都具有两面性,信息时代的到来也不例外,一方面它为人类带来前所未有的便捷,另一方面,一些不法分子利用网络滋生犯罪,计算机犯罪猖獗,知识产权和个人隐私遭到侵犯的事情时有发生。这使得个人安全、国家安全受到严峻的挑战。因此,在信息化社会,建立完善的道德法律体系十分重要,只有将信息化社会纳入法制化轨道,才能减少不法分子利用网络进行不法行为,这样才能保持社会秩序的有序健康。

第一节　我国电子商务法律政策概述

一、电子商务中的法律道德问题

(一)道德和法律问题概要

在道德和法律问题的研究中,二者通常被视为独立的、没有关联的两个部分。实际上,道德和法律是紧密相关的。道德(ethics)通常涉及专业人员和其他在某一领域掌握专业知识的人的价值观和行为方式。人们在谈论道德问题的时候,实际上是在谈论整个社会的价值观和利害关系。

从这个意义上说,法律(law)与道德相似,它也是价值观的体现。但是,道德可以直接针对个人或群体的行为举止,而法律的创建通常是为了更广泛的目的,它的目标是针对一国乃至全世界的居民。在英美的传统里,法律由立法机关(比如国会和议会)制定,由行政部门或机构执行,由法院解释。不管是哪种形式,法律都是公众努力的结果,它实际上是政治和社会折中的产物。另外,法律试图在时间和空间上保持一致,以便人们能够熟悉他们的权利和义务。

法律通常涉及利益、信仰和目的,是由三者结合产生的。因而,在制定法律时,通常过程较慢,而且制定过程也比较复杂。尽管在大部分事项上,法律都已经达成了一致,但对于法律的解释却有着具体的细节上的不同。因此,人们经常要求法官们审视现行法律,或者判断法律在解决诉讼案件冲突中扮演的角色。一些行政机构,例如美国的联邦贸易委员会(FTC),也会在它们的专业范围内,通过发布规则和建议,针对特殊情况制定行政法规。制定法律的进程比较缓慢,在面对新的环境(比如数字通信)时,更是如此。

道德没有法律那么明确的条款和规定,但它却为法律的制定提供了好多有效的借鉴,因而也就为法律的发展做出了突出的贡献。好多法律的制定就是以道德作为标准,有时候,道德影响着立法人员、法官和其他参与法律制定的人;有时候,则是这些人直接按照道德的标准去听取意见和建议。同样,道德能够促进法律的实行。法律能够通过议论而达到实际可接受的结果,这也有助于道德研究。在数字营销领域,道德扮演了特别重要的角色,因为在这一领域工作的人的经验和实践对负责制定规则和做出合法决定的人有特别重要的帮助。

1.道德和道德规范

对于道德的讨论,人类已经有 2 500 多年的历史。它主要针对的是日常生活中的行为,哪些行为是对的,哪些行为是错的,怎样区分对与错,都用道德来确定一个衡量标准。这些行为最终归结于是否属于人们所约定俗成的道德范畴。这些工作必然包括对责任、权利和义务的研究。道德研究并不局限于纯理论的范围。相反,所要研究的问题包括人们相互影响的所有方面,并且这些问题通常类似于政治、法律和商业性的问题。因此,道德学的范围实际上就像这门学科所涉及的那样广泛。同样,许多道德立场为了让人们接受而相互竞争。

道德研究中一个特别重要的方面就是涉及对职业行为的研究。按照传统,具有特殊技能和知识的人组成一个团体,由他们来确立行为规范。一个典型的例子就是医生所遵循的希波克拉底誓言(Hippocratic Oath)。道德标准在内部和外部都能起作用。它们既有助于促进同行之间的诚实和守信,又向所在的整个社区传递忠诚一致和值得信赖的形象。从这些作用来看,道德不仅是一个实用的工具,而且是专业本身不可缺少的组成部分。

一些组织的文件,比如《美国营销协会道德规范》(American Marketing Association's Code of Ethics)规定,在所有的专业行为中都要遵守诚实、正直和公平的原则。除了说明全部价值之外,专业规范还为其成员提供确定工作目标的指导方针。这些规范通常是从业者和学者的经验总结的结果,它们被告知所有的成员,并公之于众。一般来说,规范会因为环境的变化或新的问题的出现而进行新的解释或修订。过去,这些修订的过程通常很缓慢,而且比较保守。但是如今,情况已经发生了变化。

现代技术对营销和其他各行各业的道德规范都提出了根本的挑战。对变革的需求可能在计算机本身的革命性中得到了最好的体现。如果我们将数字媒体与打印机、电话或汽车等其他重要技术带来的进步进行比较,数字媒体在速度、普及程度以及功能的多样性方面都是无与伦比的。计算机可以进行数据收集、程序编译和信息传播。它们代表了快速发展的通信方式,通过互联网和其他类似的系统,使得全球空前地联系在一起。

但是,这些因素造成了道德与政策的真空。虽然新技术并没有对公平和正直构成直接的挑战,但是数字的处理能力和潜力是前所未有的,所以道德就如同其他许多社会行为一样,在适应计算机革命方面还刚刚起步。如今,在网络环境中工作的人面临着一系列重大的问题。这其中包括:虚拟数据的所有权问题(一般被称为知识产权);没有锁、没有门、没有围墙的虚拟世界里的隐私问题;言论自由的程度问题;数据的使用和收集方法问题;登录数字网络的儿童的特殊身份问题,等等。

因为道德的约定俗成和法律体系不可能毫无漏洞,这就决定了在面对相关问题时,往往不可能轻而易举就能解决。网络作为历史上从未出现过的新兴事物,由于没有历史经验可以借鉴,因而在取得新的进步时总不是一帆风顺的。现实的世界中,由于其实体性,人们总能积累许多处理事物的经验,而在虚拟的网络世界中,则很少会有实际的经验可言。计算机网络与广播电台、报纸、杂志社或公共图书馆是一回事吗?由于在这些方面缺少经验,我们很难做出肯定的回答。此外,由于网络空间本质上是全球性的,所以,人们难以就道德立场达成一致的意见。一种在欧洲可以被接受的事物,在亚洲或美洲就可能会遭到反对。

表面上,计算机提供了无限的机会,但这也说明了需要对这些机会进行不断的评估。网络营销的每一个参与者不仅要遵守职业规范,而且得到了为这些道德规范的建设和完善贡献力量的机会。

2. 自我管理问题

虽然法律和道德通常是为了同一个目标——为解决复杂的问题共同发挥作用,但是在网络行为的规范方面,法律的作用正在受到质疑。在克林顿总统的任期内,美国政府坚持了这样一个立场:互联网的发展必须最大限度地让市场自由运作。在这样的制度下,参与者的行为通常由贸易协会、制定商务标准的组织和行业制定的道德规范来约束。

有些人赞成一种自我管理(self-regulation)的模式。他们认为,企业有能力迅速地识别并解决经营领域中出现的问题。相比之下,立法、司法、执法的过程却复杂而漫长。根据这种观点,在网络环境中遇到的问题可以由业内人士用自己的智慧来解决。一旦人们达成共识，就可以用道德准则来规范企业人员的行为，还可以通过对供货商和消费者的不断教育使大家采取步调一致的行动。虽然法律并不能对这些规范施加影响，但是很多人相信，只要提高了消费者的信心，增加了经营的机会，人们就会自愿遵守这些规范。

但是，也有人反对自我管理这种模式。他们认为，自我管理的诱因先天不足。他们指出，从事欺骗行为的人往往通过一次犯罪行为来获利，所以他们对坚持道德规范以求得长期的利益不感兴趣。他们还指出，从更大的范围来说，人们为了实现商业利益和利润最大化，往往会忘记自我管理。所以，如果没有法律的制裁，就缺乏真正的威慑力量。

虽然这种争论远没有完结，但最近的政策制定活动表明，至少在预防诈骗和儿童隐私问题方面，政府坚持自己的主张。例如，澳大利亚消费者事务局（Australian Bureau of Customer Affairs）认为，为了保护消费者，制定法律来预防欺诈是必不可少的。美国联邦贸易委员会同样以侦察和禁止国内和国际上的诈骗行为为优先考虑的目标，如图6-1所示。

尽管政府对许多网络问题有了更多的关注，加大了反应的力度，但是仍有必要指出，美国及各国的立法者与企业、非营利机构以及商会等组织对此已经有了更密切的合作和对话。各方的合作和资源的共享都是空前的，这说明未来的法律、法规将会是各方"共同责任"的形式。

（二）软件盗版问题

在使用电脑的过程中，你有过违法行为吗？大多数人可能说没有，因为没有把安装并非自己购买的软件当回事。当人们把自己的软件光盘借给别人，或者企业安装一个它们没有使用许可的软件时，实际上软件盗版行为就已经发生了。当非法复制的软件被再复制并传递给其他人使用时，便产生了假冒、伪造行为。盗版和假冒都触犯了美国的版权法,是违法行为。

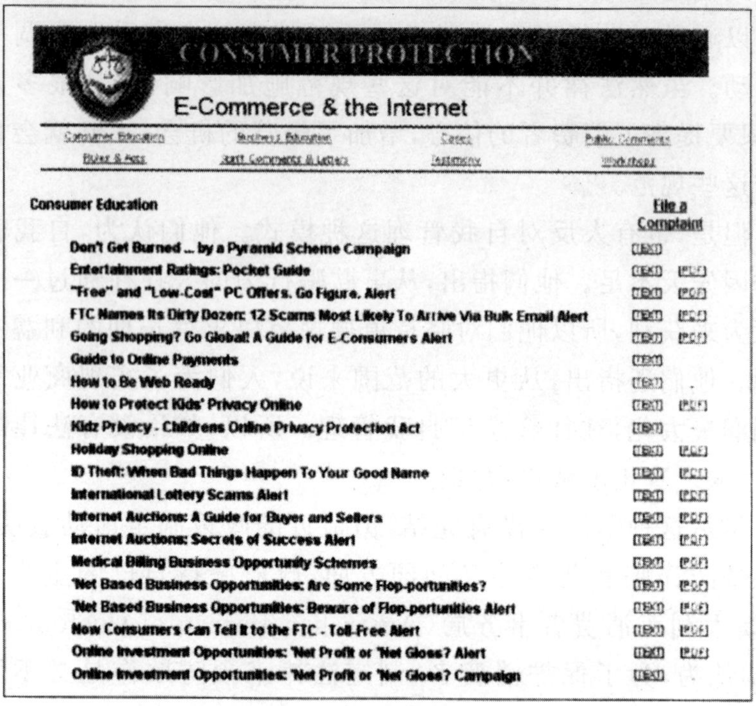

图 6-1　美国联邦贸易委员会保护消费者的措施

　　然而,更大的危害是什么呢?假设你花了几个月的时间写了一本十分畅销的小说,结果却发现成千上万的人只复制了这本小说,而没有购买。这种复制不仅减少了你的收入,而且打击了你写小说的热情。软件盗版行为也是相同的情况。软件开发公司使用收益来支付软件升级换代所需要的研发费用。如果公司没有了收益,它们就不会做这些工作。此外,开发软件的厂商会提高合法购买者的购买价格,以弥补因盗版而产生的损失。

　　令人惊异的是,2001 年全世界所有软件中有 40% 是盗版的,这导致了厂商 107 亿美元的损失。另外,有 84 万个网站销售被误认为是正版的盗版软件。2000 年,越南是最大的盗版基地,有 97% 的软件是盗版的。在盗版率问题上,紧随越南之后的是中国(94%)、印尼(89%)、乌克兰(89%)和俄罗斯(88%)。美国的盗版软件使用率是 25%。

公司应该如何应对呢？盗版问题的主要受害人之一微软公司使用了若干种应对方法：提议对知识产权立法，提起民事诉讼，开发反盗版技术（如在软件光盘中嵌入全息图像）。几年前，微软公司试行了一套系统，这套系统能够在用户上网时，识别出他们的硬盘驱动器。但是，提倡盗版的人对此提出了抗议。最终，微软公司相信，教育是最好的工具。很多使用盗版软件的人并不知道他们是在行窃，而且有些国家的法律和文明规范并不反对盗版。例如，一些国家的行政部门认为，如果它们购买了一套软件，就可以随心所欲地使用，就像使用其他产品一样。为了达到教育的目的，微软公司创办了一个关于盗版的网站（www. microsoft. com/piracy）。但是，盗版和仿冒是软件行业的大问题，这些问题在看得见的将来不可能得到解决。

二、电子商务立法和政策监管的必要性

（一）电子商务立法的必要性

在网络经济时代，电子商务作为一种主要的形式，它的何去何从代表着未来的经济走向。在电子商务带来巨大的经济繁荣的背后，也有不可忽略的法律问题。相对于传统的经济运营，电子商务的兴起使得现行的法律制度面临着新的挑战。因此，电子商务问题及其立法对策是我国政府乃至整个国际上十分关心的问题。由于电子商务的法律漏洞，给我国经济健康的发展带来了不可小觑的影响，已经"身临其境"的我国现行法规也急需严阵以待、及时救济，防患于未然。

（二）电子商务行政监管的必要性

因特网一贯以信息自由著称，但在这个虚拟的世界中，如同现实的世界一样，没有绝对的自由。一旦失去法律和政策的监

管,这种自由便如同断了线的风筝,飞不了多久就会坠地,失去其存在的意义。日常生活中,人们与因特网的关系越来越密切,因特网技术的发展,使得大量的信息在网上出现并传播,这就不可避免地会侵犯到个人的合法权益。加上因特网的传播速度快,传播范围广,更加重了网络侵权的程度,这就有必要在法律之外加强政府的行政监管。网络在带来便捷的同时,其弊端也逐渐呈现出来,具体表现在:网站和网上经营者无照经营严重,这严重扰乱了网络秩序;侵犯网上消费者权益的现象时有发生,司空见惯;利用网络进行诈骗、非法传销的行为也已屡见不鲜;电子商务中虚假广告泛滥,不正当竞争现象十分普遍;利用网络进行色情淫秽等黄色信息的传播,如此等等。

三、电子商务法的立法原则

(一)协调性原则

电子商务立法应充分借鉴国外先进的立法经验,与国际立法相互协调,使电子商务立法在最大程度上与国际接轨,从而促进国际间电子商务的发展。这主要是因为电子商务是一种世界性的经济活动,它的法律框架不应只局限在一国范围内,而应适用于国际间的经济往来,得到国际间的认可和遵守。

电子商务立法应于现行的相关法律之间相互协调,主要包括现行立法中有关书面、签名等规定和有关远程合同立法、消费者权益保护法、跨境交易法等法律间的相互协调。电子商务没有彻底改变传统商务的交易环境和交易方式,只是在一定程度上进行了创新。另外,也要协调好电子商务过程中新出现的利益关系,比如版权保护与合理使用、商标权与域名权之间的冲突、国家对电子商务的管辖权之间的利益冲突等相关问题。在电子商务中,需要消费者的广泛参与,因此,电子商务立法应使消费者获得不低于其他交易形式的保护水平。

（二）兼容性原则

兼容性原则是指电子商务立法在确立时要考虑到过去的、现在的和将来可能出现的技术手段和技术标准，要在这些方面做到兼容。在网络信息时代，社会变化日新月异，科学技术不断发展，这些都为电子商务立法提出了新的挑战和要求。电子商务立法对诸如电子商务、签名、认证、原件、书面形式、数据电文、信息系统、相关技术等有关范畴应遵循兼容性原则（不能将其局限于某一特定的技术手段和技术标准）以适应技术和社会快速发展的要求。

（三）引导原则

当前来看，电子商务的发展水平比较低，社会公众对电子商务的认可程度也比较低，因此，这就需要政府担起引导大众的责任，从政策、法律上营造一个有利于电子商务发展的经营环境，使企业和社会大众积极参与到电子商务中来。

（四）安全原则

安全原则主要是指电子商务法在制定时应当对电子商务中的交易安全需要问题进行充分的考虑。安全性原则要求在电子商务中相关的交易信息在传输、存储、交换等整个过程不被丢失、泄露、窃听、拦截、改变等，这就需要保持网络和信息的安全性、保密性和不可抵赖性。从国外的相关立法来看，电子商务立法通过对电子签名、电子认证、电子支付等具体的制度进行相关规定来做好对交易信息和交易安全的保障。

（五）超前性原则

在进行电子商务时需要以一定的技术来支持，比如电子认证、电子签名等制度都是需要以密码技术等为基础的，这些技术的不断发展会使得先前以某种技术为支持的电子安全制度不能适应新技术的要求，从而难以保障电子商务交易的安全。这就要求电子商务所涉及的相关技术和范畴进行立法时必须采取超前性原则,以适应电子商务技术和电子商务自身不断发展的客观需要,追踪电子商务的最新发展,保持法律的连续性和稳定性。

第二节 电子商务对知识产权法律保护

一、对数字资产的保护

法律的一个基本功能是确定所有权,但是,现在法律的一致性受到了数字技术的挑战。传统上,法律通过三种基本途径保护无形产权(或称知识产权)。版权(copyright)规定了思想范畴的权利,具体说来,就是出版或复制这些思想的权利。专利法(patent law)主要针对发明创造,也就是保护发明者复制或制造产品的权利。商标权(trademark)关注形象、符号、词语或其他在政府部门注册并在市场上确定一个产品的指示物。有必要指出,上述权利并不是一成不变的,立法机构和法院可以对它们进行修改。另外,国际条约可以对它们进行重新定义,并重新规定如何对这些权利进行保护。

计算机通信的出现给知识产权保护带来了难题。例如,用来传递信息的网络媒体可能被认为是一种发明,这就需要用专利法来保护。另一方面,这些信息是思想的一种表现形式,那是版权法的主体。同样,图形和动画不仅是创造性的发明,也是一种表现形式。同时,人们还能认为,这些图形或动画与某个商业实体有关联,这就要考虑商标权的问题。

二、对著作权的保护

(一)网络著作权的问题

著作权是指作者及其他著作权人对其创作的文学、艺术和科学作品依法享有的权利。著作权保护的对象是作品。在著作法中，所谓的作品就是文学、艺术以及科学领域内具有独创性的智力成果，但它可以以有形的形式被复制，因而就涉及侵权的问题。

（二）网络著作权的立法状况

因为电子商务是建立在因特网技术上的，因特网技术发展极为迅速，对传统法律提出了极大的挑战。原有的法律无法满足在电子商务中对著作权的保护，于是我国近几年出台了一系列法律以期弥补原有法律的不足。最高人民法院于 2000 年出台了《最高人民法院关于审理涉及计算机网络著作权纠纷案件适用法律若干问题的解释》，并于 2003 年底对此解释进行了修改完善，并在 2004 年开始实施。由于我国对传统版权保护的办法并不能完全适用于网络，因而国家版权局和信息产业部根据《中华人民共和国著作权法》的授权，制定了《互联网著作权行政保护办法》。

1997 年，克林顿总统签署《反电子盗窃法案》[No Electronic Theft(Net)Act]。该法案对计算机内容进行版权保护。不管是为了商业还是个人的经济利益，只要是通过复制和分销版权著作获利，侵害了版权所有者的利益，其零售价格超过 1 000 美元就将受到处罚。这个法案下的惩罚包含刑事起诉。《反电子盗窃法案》的赞成者相信，该法案将通过保护放置在互联网上的材料推动创新。但是，反对者认为，"侵害"的定义由于摆脱了传统意义而造成很大的问题。传统的"侵害"通常是与永久的或半永久的复制（即"固定"的）联系在一起的，现在却转变为电子传递，而不仅是复制。他们认为，这个法案可能包括通过网络浏览器阅读电子材料，从而导致本来是由《第一修正案》（First Amendment）保护的"犯罪"活动转变成信息传播限制活动。其他的评论直接指向了犯罪制裁的应用，因为目前人们对电子材料的经济价值还存在很大的争议。美国 1998 年颁布了一部相关法律，即《千禧年数字版权法案》（Digital Mil-lennium Copyright Act，DMCA）。该法案是一部综合性的法案，包含了几个条款。法案规定，互联网服务提供商只要履行一些特定的程序,就能受到保护,不因网络用户的侵害行为受到牵连。这些程序包括及时通报,以及迅速撤销侵害材料。这个法案的支持者声称,《千禧年数字版权法案》会把互联网服务提供商从负有非法行为的责任中解脱出来,因此刺激了行业增长。而评论者则认为,关于通报和撤销的要求可能导致无辜的行为被认为有害而遭受不公平的审查。

《千禧年数字版权法案》会造成软件保护的欺骗和盗版产品的发展和分销。与《反电子盗窃法案》一样,《千禧年数字版权法案》的支持者相信,这个法案将通过阻止网络盗版行为而增加在互联网上放置资料的商业意愿。反对者则认为,《千禧年数字版权法案》与教育和科研活动的目标似乎背道而驰(尽管有一些例外),因为它限制了几乎没有侵害性的有价值的应用程序的开发,赋予了版权所有者对任何他们认为损害了自身利益的项目的否决权。

《千禧年数字版权法案》得以实施,因为它基本上符合《世界知识产权组织版权条约》[World Intellectual Property Organization's (WIPO) Copyright Treaty],《世界知识产权组织表演和录音制品条约》(WIPO Performances and Phonograms Treaty)的精神。这些文件为版权资料设立了国际标准,而且近来已经得到美国的批准。条约的拥护者认为,在全球的网络环境下,关于数字资产的所有权、保护和让渡的国际共识是必不可少的。与对《千禧年数字版权法案》的反应一样,批评者则担心条约要求的专门法律将对版权所有者产生不公平的利益。

三、对商标的保护

商标法关注的也是知识产权,不过它的重点是对商品或服务的识别。根据美国联邦的《蓝姆法案》(Lanham Act),商标可以在政府部门注册。但是,不管注册与否,它们都能得到该法案的保护。为了追究侵犯商标权的案件,申请人必须证明该商标是受到保护的。通常,商标越独特,这种主张的强度就越大。该法案还禁止淡化行为(dilution),即减弱确认或辨别商品或服务的能力。

商标法近来还被应用于互联网命名系统。"域名"是用于传送数据的字母或数字的一种独特结构。最熟悉的域名就是网站地址(例如 www. someplace. com)。除了给网站命名,域名还可以用做电子邮件地址。域名是寻找商业网站的主要手段,因此,其重要性是显而易见的。

虽然创造性地使用语言可以形成许多独特的域名,但是难免会存在一些相似的域名。例如,人们一般会认为域名 General Signpost 与域名 General Sign 相似。但是,按照传统的观念,商标法允许这种相似性的存在,因为人们需要考虑各种因素,例如企业的性质、产品的种类和地理位置。只要这些因素存在足够的差异,就允许重复。然而,在网络世界里,地理分布并不是影响因素,而且名称相似可能不那么容易分辨。因此,根据商标侵犯规定,etoys. com 商标的拥有者得到了法律的支持,阻止 etoy. com 域名的使用(etoy. com 网站是一群表演艺术家建立的网站,他们希望能像公司一样运作)。这起案件后来顺利解决,没有人再提起诉讼。

另一类商标侵犯行为被称为域名抢注(cybersquatting)。所谓域名抢注,是指注册一个域名,而该域名与某一家公司或者实体的名字相似或完全相同。域名的注册者一般与该公司或者实体没有关系。注册以后,他会以远远高出注册费用的价格转让这一域名。1999 年 11 月 29 日,美国前总统克林顿签署了《反域名抢注消费者保护法案》(Ant icybersquatting Consumer Protection Act),该法案规定,如果一个人出于恶意,注册、买卖或出售一个与受法律保护的商标相同(或极其相似,或容易削弱商标的价值)的域名,将因此而受到起诉。作为一部国家法律,该法案为制止恶名昭著的网络域名抢注者提供了依据,而且能帮助域名的起诉者(个人或者公司)方便地索回属于自己的域名。商标持有者对这项法案当然举双手赞成,但是,与《千禧年数字版权法案》一样,这项法案也引来争议。有人提出,迅速让渡有争议的域名很可能会剥夺被告的听证权利,也可能导致诉讼程序的不公正。

搜索引擎中常用的文件头标记(metatags)是一种超文本标记语言(HTML)中的标签,通常并不在浏览器中显示出来。这种标记允许搜索引擎确认与查询主题相关的网址。显然,这些标记有助于吸引用户登录网站。由于文件头标记是由超文本标记语言的作者定义的,因此有可能插入合适的词或短语以提供最有吸引力的东西,包括受到商标法保护的商标的资料。在涉及花花公子公司的案件中,被告在它的文件头标记中写入了受保护的词playboy 和 play-mate。在随后的讼案中,法院认为这个网站的意图是从与花花公子虚假的联系中获利,因此禁止该网站中出现相关的内容,并判定该网站损害商标价值的行为成立。最近还发生了另外一起案件。曾经获得"年度女郎"殊荣的一位小姐在自己的网站上加入了类似 playmate 的术语(但是她本人反复强调与花花公子公司没有关系)。这一次,法院允许该女子在文件头标记中使用 playmate 一词,因为法院认为它的存在只不过是"一种称谓",意味着这些术语只是简单的描述,不会产生误导。值得注意的是,法院同时认为,商标术语在网站壁纸上的重复使用会造成侵害行为,而且没有简单描述的必要。

文件头标记问题还有另一种存在形式,那就是在搜索引擎中设定关键词(keywords)。有这样一个案例:化妆品制造商雅诗兰黛(Estee Lauder)控告 Excite 网站和其他一些公司,声称若在Excite 网站销售渠道中输入自己的商标,网站就会把用户导向某一个并未得到授权的销售商网站。雅诗兰黛公司称,不仅那家网站是在欺骗消费者,而且这种行为淡化了雅诗兰黛的商标价值。这个案件后来以雅诗兰黛公司重新控制自己的商标使用而告终。出售受保护商标的关键词的行为在其他一些门户网站上也有发生。在这些网站上,输入相关的关键词,就会跳出旗帜广告,而这些广告并没有获得商标持有者的批准或认可。

除了词语的专用以外,商标还涉及超链接使用的问题。虽然网络能够顺利地把信息从一个网站传送到另一个网站,并因此而迅速发展,但是一些企业开始担心,如果通过链接使用户到达非它们引导的页面,可能会引起混乱或剥夺目标网站通过销售广告获得的收益。微软公司创建的西雅图 Sidewalk 网站,提供本地的娱乐信息。这一网站制作了文字链接,浏览的用户点击这些链接,就可以绕过 Ticketmaster 公司的首页(Ticketmaster 公司是一家专门的订票网站,公司的主页上包含广告)而直接到其订票系统所在的页面进行订票。于是,引发了一场诉讼。Ticketmaster 公司声称,微软公司的这种行为淡化了 Ticketmaster 的商标价值,构成了不正当竞争。微软公司则认为,任何在网络公共领域放置的资料都应该能够进入。这些相反的理论立场没有在法院上一争高低,因为微软公司同意今后只链接 Ticketmaster 公司的主页,诉讼在庭外达成了和解。

与链接相关的是讯框技术(framing)。所谓讯框技术,是指网页浏览器接受指令将自己分解成两个或多个框,并通过自动链接的执行下载从其他网站上获取的部分资料。"《华盛顿邮报》TotalNEWS 公司案"(Washington Postv. TotalNEWS. Inc.),针对的就是讯框问题。TotalNEWS 将链接设在《华盛顿邮报》专门提取新闻样本的网页上。《华盛顿邮报》声称,这种据为己有的做法淡化了商标价值,盗用了版权保护材料,并夺去了邮报的广告收入。结果,TatalNEWS 公司同意只链接《华盛顿邮报》网站上的非窗框文本。

四、对专利的保护

计算机技术对专利权法律的应用是尚未确定的、正在发展的领域。根据传统的美国法律,专利权是由美国政府对创造行为授予的权利。按照英国的法律和传统的做法,专利权只关注工业领域或机械制造业的创新活动。现在,软件的开发者也希望得到专利权的保护。软件的开发者愿意求得专利权的保护,其基本的动机是,在专利的持有期内,专利资料并不遵循公平使用或首次售卖理论,这一点与版权是有差异的。然而,与版权一样,美国的专利权起源于宪法的基本理念。因此,在专利期满以后,公众可以使用该项技术,并由政府负责归档。

将软件开发归入专利权法的保护范围有一个前提,即开发的程序有创新之处。但是,也有人持相反的意见。他们认为,软件在根本上是由算法组成的。而这套公式本质上并不是创新的,因此任何人都不能对其伸张权利。还有人认为,程序实际上是由计算机完成的一系列图表或方案。两种观点都有自己的理由,人们依然会对其进行争论、诉讼,也可能会涉及对《美国宪法》的修订。目前,人们在讨论互联网的发展时,关注着"企业专利权"的使用问题。所谓企业专利权,是指为开展商务活动而使用的营销方法和手段,例如,反向在线拍卖活动、信用卡安全处理方式、刺激阅读网络广告的方法等。这些是否属于专利权的保护对象?

申请对软件专利权的保护方面的一个案例是对独特的安全电子时间标记的保护。持反对态度的人认为,如果这个主张得到支持,那么大部分的网络加密手段都可以申请专利。同样,在"亚马逊公司诉巴诺公司案"中,原告凭着自己的专利认为,只有亚马逊公司拥有资格使用"一次点击"式的订货流程,但是这种商务模式现在是互联网上普遍采用的模式。这个案件后来在 2002 年和解了,法院并未就此做出判决,也没有对外公布调解的细节。

美国专利办公室最近决定提高对软件开发专利权保护申请的审核标准。而且,人们希望美国国会和法院都仔细考虑,过去的案例中是否有将软件和经营流程包含在专利权保护范围之内的先例。持赞成态度的人认为,对软件开发和经营模式授予专利权,有利于提高生产率,鼓励创新。但反对者则认为,对加密事件的处理和亚马逊公司诉讼案的庭外和解都说明,过度保护专利权会产生潜在的、沉闷的垄断环境。

五、对许可的保护

知识产权保护越来越受欢迎的一个方法是许可（license）的使用。所谓许可,是指消费者与软件销售商之间签订的一种契约性协议。这种协议允许购买者使用产品,但禁止复制和分销。由于与许可相关的法律起源于与商业合同相关的法律,而不是由宪法延伸出来的版权法或专利权法,因此,传统上,公共政策在许可制度的发展上并没有扮演十分重要的角色。而且,因为人们普遍认为签订协议的双方都是根据自我的利益进行交易的,所以许可使用协议可以看成是对一部分保护权利的自动放弃。

在计算机环境下,大部分的注意力都投向了软件行业许可的合法性。在软件行业之外,许可的授予通常称为撕去封装（shrinkwrap）或"撕去封条许可"。当用户被要求点击程序中的按钮来表明接受这个术语的时候,还被称为点击包装（click-wrap）。在传统的经营环境中,法律对许可程度的认定是很清晰的,但是,对非商业购买者的许可究竟可获得多大的法律效力,并不十分清晰,这主要是因为缺少买者与卖者之间发生的交易。通常,合同要求能够提供双方协商一致的证明。但是,如今人们很难确定一般的购买者是否同意相关的条款,甚至不能确定购买者是否阅读了出现在磁盘、外包装、安装程序或软件手册上的说明。

法律界有一种倾向,那就是应该严格执行软件使用的许可。在最近的一个案件中,法院支持"撕去封装"的条款,这一条款减少了销售方对程序中出现错误所承担的责任。但是,在另一个诉讼案中,法院认为有关"点击包装"的条款可以认定,消费者可以据此对销售商提起诉讼。

对软件使用实施许可制度的努力体现在《统一计算机信息交易法案》（U-niform Computer Information Transactions Act, UCITA）的出台。如果这个法案被州政府采纳,人们就可以依据这个法案去规范软件交易（包括软件销售）的各种协议。《统一计算机信息交易法案》得到了大多数软件制造商和发行商的支持，他们认为有了一个统一的操作模式。但反对者认为，该法案会将许可强加于人，禁止资料的复制和转售，对因软件的原因造成的损失要承担赔偿责任，甚至可能会有人因此而抨击软件的性能。由于《统一计算机信息交易法案》可以应用于计算机可读的任何资料（包括电子图书和其他阅读材料），图书馆工作人员和教育界人士担心，这会导致版权和专利权公共政策保护制度走进误区，使网络信息变得昂贵且限制重重。虽然知识产权法能够刺激人们去创造有益的信息和资料，但是它们同时也限制了为互联网普及做出贡献的数据交换。实现这两者之间的平衡将会是数字法律和道德研究领域的一项重要而持续的工作。

第三节　电子商务对消费者的权益保护

一、对消费者隐私权的保护

（一）隐私权

隐私权的概念包括道德和法律两个方面。对于这两个学科而言，隐私权又是一个相对比较新的话题。隐私权是 20 世纪的产物，这可能与其他法律或道德问题并不相同。虽然许多文化现象是约定俗成的社会规范，但是人们对隐私权的研究是从 1890 年才开始的。当时，塞缪尔·华伦（Samuel Warren）和后来成为最高法院法官的路易斯·布兰迪斯（Louis Brandeis）发表了一篇文章，敦促人们将隐私权写入美国法律。这种保护制度被称为"独处权"。很明显，支持这种观点的许多理由是与成熟的工业和科技相关的。在那个时代，出现了一些新的现象，包括报纸的普及、监听设备的发展和摄影技术的广泛应用。本质上,隐私权早期经常与信息和信息的传播手段有关。

虽然华伦和布兰迪斯的文章发表以后,隐私权就成了不断争论的主题,但是不管从道德上还是法律上讲,它都被证明是一个不容易分辨的概念。造成法律上混淆的一个原因是在美国宪法中缺少针对隐私的条款。1965年,美国最高法院在"格瑞斯沃尔德诉康涅狄格州案"(Griswold v. Connecticut)的判决中承认了这一点。判决认为,有关避孕药使用的隐私权可以从许多宪法权利中推导出来,这些权利包括结社权、不接受非法调查和查封的权利、反对自我归罪的特权,以及和平时期士兵不得在民居驻扎,等等。后来,在1973年的"罗诉韦德案"(Roe v. Wade)的判决中,法院做出了妇女有生育决定权的判例。通过对《美国宪法》的第4次修订,《美国宪法》针对政府机构制定了家庭隐私权,规定在进入寓所搜查之前,政府工作人员必须获得授权。然而,这个条款只能运用在官员或代表政府官员的人身上,对平民百姓不起作用。

除了完善《美国宪法》以外,隐私权在共同法中也得到了体现。所谓"共同法",是指一般被英美法院接受的判例、假设和习惯。习惯法明确了一系列的隐私侵犯行为,人们可以以此(不管是个案还是几个案件的综合)对隐私侵犯提起诉讼。这些诉讼案件被划分为四类,即:无故侵犯他人住所,无故公开他人私生活情况,使用他人姓名或肖像,以错误的观点发表他人的个人信息。这些要素已经整理到了许多州的法规当中,并出现在影响深远的《民事侵权行为法重述》(Restatement of Torts)中。

虽然在立法方面有了这些发展,但是人们对究竟什么是隐私权依然有许多分歧。其主要原因可以归结为三个方面。第一是华伦和布兰迪斯关于独处权的观点,通常被称为隔离理论(seclusion)。这种观点认为,隐私权就是拥有在社会中保持独处的能力。这种理论支持的法律和道德标准是,保持人与人之间的距离,并且惩罚越过这种距离的人。第二种观点被称为存取控制

（access control）理论。该理论并不把与世隔离作为一种常态。他们强调，法律和标准可以帮助人们理性地处理他们提供的信息。一些法律和标准规定，个人有权保护自己的信息不被他人擅自泄露。存取控制的观点可以在这样的文件中找到相关的表述。

不管是隔离理论还是存取控制理论，都提供了保护的方法。但是，这两种观点都关注信息如何让渡，而很少关心私人信息究竟是什么。于是，就有了第三个观点，即自治理论。该理论试图说明私人信息究竟是什么，它把私人信息定义为"一个人做出生活决定所必不可少的东西"。这个理论既包含私人信息不受强制使用的自由，还包括在必要时保持独处的能力。

除了在定义和范围界定方面的困难外，隐私权只不过是众多价值观中的一种。在社会上，对个人和公众安全的关心、对经济发展的关心，甚至对与他人交往（一种了解敏感信息的过程）这样一种社交和心理需求的关心，都与保护隐私发生了冲突。要协调这种种利益，就需要平衡，而不同的平衡措施就可能导致不同的结果。通常，人们为了获得各种利益，例如获得信用卡，积累常客飞行里程，配合机场的安全防范，等等，往往愿意提供个人信息。在这些情况下，人们就会借助道德和法律规范来帮助其进行决策。他们会考虑这些利益的真实含义和重要程度。

（二）网络侵犯隐私的特点

1. 客体的扩大化和数据化

由于信息技术的发展，在网络中使得更多的网络群体受到来自网络的威胁。相对于传统的隐私侵犯，电子商务中的侵权无论是在形式上还是内容上、方式上都更为广泛，不仅如此，而且有着不断扩大的趋势。同时，与传统的隐私侵权行为相比，网络对个人信息的掌握更加数据化，而且内容更为详细，包括个人的姓名、性别、身高、指纹、血型、病史、联系电话、财产等，以及一切与个人有关的信息在内。

2.侵权行为手段的智能化、隐蔽化

事实证明,很多网络犯罪都是高科技高智商的犯罪行为,同传统隐私侵权行为的手段相比,这些侵权行为人必须要有相当程度的专业知识和熟练的操作技能,因为侵权需要收集他人的数据或者是能够侵入他人的系统,这些都不是随便一个人都能做到的。而且,利用网络进行侵权,往往具有隐秘性,不仅侵权行为可以瞬间完成,而且侵权证据不容易被发现,因为这些证据往往存于数据、代码等无形信息中,这些信息很容易被更改和删除,甚至不留任何痕迹。

3.性质的双重化

与传统上的侵犯隐私权不同的是,网络侵权更加注重利益。个人隐私一旦流出,很有可能被网络经营上收集、利用、买卖,这将严重损害被侵权者的利益。传统上一般认为,他人隐私是侵犯了受害者的一种独立的精神性人格权,不具有物质性或财产权属性。但是,在网络空间中,对个人隐私的侵犯不仅仅是基于窥探他人隐私的好奇心,大多数是基于利益的驱使。

4.侵权后果的严重化

网络的传输速度快,传播范围广,因而公民隐私一旦在网上披露,后果将非常严重。通过网络传输,可能全球范围的人都在很短的时间内就会知道,后果不堪设想。

(三)电子商务环境下的隐私权

信息在隐私保护方面也扮演着重要的角色,同时,它又是开展营销和电子商务必不可少的因素,因此,自然而然地就出现了收集信息和使用信息的种种矛盾。这次争论的始作俑者是美国营销协会(American Marketing Association,简称 AMA),它当时要为网络营销制定道德规范。这个规范规定："从消费者身上收集的信息必须保密，并且只能用于特定目的。"这个原则是简单而直接的，但是，它必须适用于互联网信息收集的许多过程。

2000 年春天，一篇有关双击公司（DoubleClick，一家网络广告公司）从事收集和编辑大量消费者信息的报道吸引了媒体、政府和公众的注意。在时间不太长的网络营销经营中，该公司建立起了一个有 11 000 多个网站参与的网络。这些网站上都有广告，用户只要点击这些广告，就可以访问该产品的网站。公司的系统还在数据库中记录了被称为点击流（clickstreams）的回应信息。利用点击流信息，可以形成一个用户的资料，然后厂商就能对该用户发送个性化的广告。这种收集活动并不需要征得用户的同意。有报道称，当时双击公司共收集了 10 万个网络用户的资料。

虽然隐私保护的倡导者已经呼吁关注双击公司系统信息滥用的可能性，但是当该公司兼并 Abacus-Direct 公司的时候，这种争论加剧了。Abacus-Direct 公司擅长收集离线用户的信息，并做成电子列表。该列表包含美国大多数家庭成员的姓名、地址和购买历史。随着兼并的完成，有报道称，整合这些信息的计划正在执行，它们会提供订购服务，这将首次把现实生活中人们的情况与双击公司搜集到的网络消费者的情况联系起来。根据这个消息，由隐私保护、公民权利保护和消费者团体组成的联盟以联邦贸易委员会的名义联名提出指控，希望阻止将 Abacus-Direct 公司的信息与网络信息整合在一起，并坚决制止在未经信息主体允许的情况下把用户信息存入新数据库的行为。

获取这些信息最常用的方法是使用网络跟踪器。通过用户回复来自网页中的指令，硬盘驱动器中就会创建数据包。一旦用户存储这些信息，数据包就可以从用户的计算机再传送到相关的网站上。网络跟踪器可以用于多种目的。例如，它们可以操作网络信息，建立购物车以保存购买的物品。网络跟踪器可以恢复存储的产品信息，以提醒用户哪些商品已经订购，或向用户推荐新的产品。很明显,其他信息(包括用户的真实姓名、电子邮件地址和住址、电话号码、计算机位置和登录时间等)也可以通过网络跟踪器收集。

虽然网络跟踪器还可以在浏览器中设置,但必须根据许可运行,不过它们通常自动运行而不需要用户操作。网络跟踪器也可以与其他数字信息结合,还可以在服务器间相互传递或出售给有能力理解计算机信息的任何人。只要计算机上添加了网络跟踪器,用户在网上冲浪时就会被跟踪。这样做的结果就是能够准确描述出一个人的网上行为。如果再把这些信息与离线数据整合在一起,这种跟踪将呈现出一种更广泛,甚至更复杂的特征。

由双击公司的行为引发的争议涉及网络隐私权保护的几个重要方面。最基本的一点或许就是对隐私权本身的定义问题。许多人把隐私权看成是必须密切守护的一种权利。根据这种观点,人们希望能够控制个人信息免遭泄露,还希望有能力远离不受欢迎的侵扰。这种观点要求出台这样一种政策,即每个人都能确切知道个人信息被收集,并据此选择加入(opt-in)或选择退出(opt-out)。但是,也有人(例如双击公司)支持类似的信息收集活动,因为他们认为,大多数用户是希望在定位广告中获利的。这种观点说明,隐私权只是许多需要权衡的价值中的一种。通常,持这种观点的人支持选择退出的政策,即假定信息收集发生时,允许用户通过不同的方法撤销同意,这些方法包括给信息收集者发送邮件,请求从他们的数据库中删除自己的信息。

对"选择退出"方案持反对意见的人认为,大多数用户并不具备如何操作计算机和如何处理信息的知识。他们认为,普通人一般不会采取必要的措施去阻止信息的泄露,而且退出的步骤太复杂,无法顺利操作。但是,赞成"选择退出"方案的人则强调,他们做过相关的调查,消费者愿意接收有针对性的广告。他们还提出,要提供这样的服务,就需要收集信息,除非消费者拒绝广告定制服务。虽然美国国会正在制定几个相关的法案,但是目前还没有解决这种争论的法律。同样,对于这场争论,行业内部也没有制定出一个被广泛接受的解决方法。目前,许多企业和一些行业组织都认为,预先告知是一种最好的方法。还有一些企业(例如RealMedia 公司)明文规定,不允许其他网站共享公司网站浏览者的信息。

在声称要对在线和离线的数据进行整合几个月后,双击公司又宣布暂时不执行这一方案。这样,问题才算得到了部分解决。但是,公众的注意力仍然停留在这家公司。2001 年,美国联邦贸易委员会根据调查的结果,宣布该公司没有发生隐私侵犯行为。2002 年春天,一些悬而未决的州或联邦的隐私权集体诉讼案件得到了解决。法院调解的结果是希望为消费者隐私保护提供一个行业模板。这个模板规定,企业有义务明确告知在收集信息,还规定未获得明确的许可,禁止企业把用户信息整合到已存在的信息中。此外,从网络跟踪器中获得的信息必须经常删除,新的网络跟踪器 5 年后要自动失效。最后,由双击公司组织消费者隐私教育的活动,并接受定期的、独立的审查。但是,也有人对此提出异议。他们认为,两年一次的独立审查过于频繁,而网络跟踪器的失效期似乎又太长。

虽然人们还没有对信息收集达成一致的意见,但是最近的研究表明,类似的活动有减少的趋势。研究表明,减少部分是因为关于隐私保护的政策增多了,更多的网站采取了"选择加入"这样的方式,业内人士也更多地认识到隐私保护是消费者非常关心的问题。

除了信息收集的问题以外,人们在讨论网络隐私的时候,还格外关注信息存取的问题。因为专家认为,敏感信息的地位不仅是硬件安全的问题,也是管理政策制定的问题。人们关注这个问题,是因为美国海军向美国在线公司提出了非正式的请求,要求对方提供一名现役军人的个人信息,此人被怀疑因同性恋行为而违反了军规。这项调查后来被中止了,因为法院认为海军的请求可能违反了联邦隐私保护的相关法律。最后,美国在线给予了道歉和赔偿。但是,这个事件表明,信息脱离用户的控制是很危险的。

有关隐私权的争论大多集中在信息处理的传统方法和新近开发却已成熟应用的网络跟踪器上。除了这些技术以外,许多新的技术可能会得到普及,并引发新的问题。

Java 是一种界面友好的编程语言,它允许在个人计算机上下载和运行各种 Java 程序语言。这些程序可以用于改进普通的超文本,如动画、网络仿真等。Java 还可以用来设计病毒程序,这些病毒程序可以秘密地在硬盘上存取和传送各种信息(如电子邮件地址、信用卡记录和账户资料等)。

在网络营销和计算机科学研究领域,智能代理是人们感兴趣的话题。代理软件(agents)是人工智能开发出来的一组程序,一旦被用户启动,就可以在网络上自发地做出决定。代理软件可以从事许多工作,比如搜寻网站,购买符合用户个人口味和兴趣的产品。对使用代理软件持反对意见的人担心,软件所掌握的偏好最终会被某些机构而不是"所有者"选择或控制。这种情况可能会限制个人做出独立决定的能力,并可能引发自传播代理应用中个人信息的问题。

网络跟踪器、Java 程序和智能代理的应用是无孔不入(ubiquitous appli-cations)的。这意味着,它们能够在几乎所有的网络活动中起作用,而无须用户的了解和控制。正因为操作简单,所以许多网站不愿意通知用户他们的信息被收集了。这种令人不悦的态度轻易地将技术凌驾于道德准则之上。同样,由于大部分信息并不具备机密的特征,所以整个社会容易忽视隐私保护。但这个理由忽视了这样一个事实,即有时看似无害的信息,若被组合在一起,也有可能产生出乎意料的结果。

企业收集客户信息有时是为了某些特殊的用途,但是有时网站还可以通过网络表格和电子邮件收集数据。通常,为了获得浏览网站的许可或其他的目的,人们愿意公开使用期间的所有信息。不管它是怎样引起的,把信息作为交换手段引出了一个道德问题,尤其在平民百姓,甚至信息专家都拿不准信息的最大价值的时候,这更是一个问题。在互联网发展的初级阶段,人们很难对信息进行确切的估价,但是,对消费者进行有关信息用途的教育,可以帮助用户在这方面做出判断。有些人通过欺骗的手段收集信息,这无疑就是一个道德和法律的问题了。

关于信息收集问题研究的一个特殊领域是儿童信息的收集。美国联邦贸易委员会 1998 年的一份报道显示,被调查的儿童网站中有 89% 在收集确定的用户信息,而这些网站中有 46% 并没有明确告知它们收集或使用信息的政策。被调查的网站中只有 10% 列出了家长控制的条款。

正是有了这样的研究结果,以及媒体上关于滥用儿童信息的报道,再加上一些家长和隐私保护的倡导者的游说,美国国会通过了《儿童网络隐私保护法案》(Children's Online Privacy Protection Act,COPPA),这项法案要求网站和其他网络媒体从 12 岁以下的儿童身上收集信息时,必须:①告知家长;②在收集、使用或公布信息之前征得家长的同意;③允许家长浏览并修正信息;④使家长有能力阻止信息的进一步使用或收集;⑤不能以让儿童参与游戏、有奖销售或相关活动等作为交换条件收集儿童信息;⑥建立一定的程序来保证"个人信息收集的私密性、安全性和完整性"。此外,美国联邦贸易委员会还按照美国国会的要求,制定相应的法规以指导和执行这项法案,并且在法案正式实施的第二年,一共进行了 6 次《儿童网络隐私保护法案》的执行活动。这项法案带来的一个主要改变就是儿童网站上的信息收集政策的披露越来越多,以及提供一种积极的方法(如单击按钮),方便家长确认他们了解信息收集的活动。还有一些网站,它们曾经对所有儿童开放。现在则限定了登录儿童的年龄。

虽然人们对制定互联网隐私保护的联邦法律仍有争论,但很多明显的违法行为可以用普通的刑法来定罪。在《公平信用报告法案》(Fair Credit Re-porting Act)和《电子通信隐私法案》(Electronic Communication PrivacyAct,ECPA)中,已经规定了对滥用消费者信息的制裁方法。此外,还有一些组织(如直销协会)已经制定了关于网络隐私保护的详细指导意见。在这个领域,近来一个比较麻烦的问题是,一家联邦审理法院决定不受理一桩集体诉讼案件,原告称一家航空公司的隐私保护政策中有侵犯客户的地方。法院不受理是因为法院认为,即使航空公司网站上公布的隐私保护政策有不足之处。但是原告并没有说明他们阅读过这些内容,因此也就谈不上侵犯隐私权的问题。对法院的这个决定持反对意见的人认为,要求客户举证阅读过这些政策对主张实施网络隐私保护政策的人是一个沉重的负担,结果可能会使这些隐私保护的声明一文不值。为了澄清这些似是而非的问题,可能还会发生更多的诉讼。

电子邮件隐私权问题仍然是网络通信中一个亟待解决的问题。根据美国法律,在私人服务机构申请电子邮件账户的用户通常利用互联网服务提供商的服务协议来保障自己的合法隐私。另外,人们可以根据《电子通信隐私法案》来要求互联网服务提供商保护客户隐私。当然也有例外的情况,那就是在系统维护时不小心泄露了电子邮件信息。相反的情况发生在使用公司计算机或网络进行通信的雇员身上。现行的法律通常不涉及员工的隐私保护,特别是对那些非政府机构雇佣的员工。许多公司文件中都说明了这种状况。不过,即使没有明文规定,聪明的员工也应该懂得,通过工作场所设备的所有资料都是受到监控的。严格的管理制度和政策是否侵犯了员工的独立和尊严,这里面就存在一个道德的问题。企业中有一些领域(比如雇主安装的电话、卫生间等)并不能被无限制地监控。这个事实表明,随着计算机通信的发展,人们若从社会行为的角度去观察,应该重新考虑员工的网络隐私权。

二、电子支付中的法律问题

电子支付中的信息安全与一般情况下所说的信息安全有一

定的区别。它除了具有一般信息的含义外,还具有金融业和商业信息的特征。更重要的是,它的进一步发展必然涉及国民经济建设中资金的调拨,涉及国家经济命脉的重要内容。所以,必须高度重视电子支付中的信息安全问题。

在电子支付中存在着若干种支付方式,每一种方式都有其自身的特点,且有时两种支付方式之间不能做到互相兼容。这样,当电子交易中的当事人采用不同的支付方式且这些支付方式又互不兼容时,双方就不可能通过电子支付的手段完成款项支付,从而也就不能实现网上交易。因此,从推动电子商务发展的角度出发,有必要努力将各种不同的支付方式统一起来,融会贯通,取长补短,形成一种较为完美的支付方式。

我国目前在有关电子支付的法律的制定方面刚刚起步,大量的法律新问题需要研究。

第一,电子支付的定义和特征。电子支付是通过网络实施的一种支付行为,与传统的支付方式类似,它也要引起涉及资金转移方面的法律关系的发生、变更和消灭。美国提出的电子支付的法律定义是否适合我国的情况?需要做哪些修改?此外,对其行为特征也应加以研究。

第二,电子支付权利。电子支付的当事人包括付款人、收款人和银行,有时还包括中介机构。各当事人在支付活动中的地位问题必须明确,进而确定各当事人权利的取得和消灭。涉及这方面的问题相当复杂。

第三,涉及电子支付的伪造、变造、更改与涂销问题。在电子支付活动中,由于网络黑客的猖獗,支付数据的伪造、变造、更改与涂销问题越来越突出,对社会的影响越来越大。我国 1997 年《刑法》第 196 条是专门针对信用卡犯罪的,包括使用伪造的信用卡、使用作废的信用卡、冒用他人的信用卡、恶意透支等。智能卡与信用卡类似,犯罪的界定尚可参照信用卡的有关条款。但是,电子现金、电子钱包、电子支票的问题却完全是一类新问题,法律责任的认定和追究需要全新的法律条文。

第四节　国内外电子商务立法现状

电子商务是网络经济的主要模式,它代表着未来贸易方式的发展方向,其兴起使现行法律制度面临新的挑战。因此,电子商务问题及其立法对策是各国政府和国际组织十分关注的热点问题。已经"身临其境"的我国现行法规也急需严阵以待、及时救济,防患于未然。

一、我国电子商务的立法现状

1996 年,我国成立了中国国际电子商务中心,第二年,也就是 1997 年,我国建立起中国电子数据交换技术委员会,从那时候起,我国的电子商务蓬勃发展,而且越来越展现出巨大的发展潜力。在信息技术飞速发展的今天,电子商务的发展为我国的经济发展做出了重大的贡献,因而发展电子商务的进程也不容忽视。

然而,相对于许多发达国家而言,由于我国电子商务的运作起步较晚,基础薄弱,因而我国电子商务的运作至今尚未进入正常轨道,相应的法律也没有比较完整的体系,也一直没有进入系统的可操作阶段,与国际立法实践相比还有一段很长的距离。到目前为止,"我国电子商务立法的有《合同法》第 11 条关于书面形式包括'数据电文'以及第 33 条关于当事人采用数据电文签订合同可以'要求签订确认书'的规定①"。前者承认了电子合同的合法性,后者涉及合同的生效要件,可以说是对电子合同效力的一种探索。另外,《合同法》第 16、26、34 条规定了电子合同要约的生效时间、承诺的生效时间以及合同成立地点。但是,仅有以上规定,电子合同仍然无法操作,不能进入实施阶段。除《合同法》

---

① 夏丽萍.电子商务基础与应用[M].北京:北京师范大学出版社,2007,第228 页.

原则上承认电子合同的法律地位外，国务院以及有关部委也制定了一些行政法规。例如，商务部于 2007 年发布的《关于促进电子商务规范发展的意见》，2008 年发布的《电子商务模式规范》，以及在 2009 年发布的《关于加快流通领域电子商务发展的意见》等。然而，这些规定一方面缺乏基本法律的权威性，另一方面局限于网络的安全、管理等电子商务基础设施的法律建设，并非是对电子商务所涉及的主要问题的直接立法。为解决我国没有对电子证据、电子签名以及电子认证等立法的问题，一些经济发达地区先后颁布了一些规定。例如，一些地方性的商务法规已经出台。这些地方的立法虽然较美国各州的电子商务立法在完整性、趋时性方面相对落后，但是对当地电子商务发展的促进作用不可低估，特别是与国家对电子合同法律地位的原则性规定一起，发挥了"投石问路"的作用。不过，长此以往，以上地方立法也难逃美国电子商务立法的命运，即导致地区差异，与电子商务的无差异性发生冲突。随着互联网与电子商务的发展，确实需要有一个完备和科学的法律体系，以保障网络与电子商务企业投资者和经营者的利益，保障网络与电子商务作为一种新兴产业的存在和发展。

二、美国的电子商务立法现状

"在美国的《全球电子商务纲要》中提出了发展电子商务要遵循的 5 项原则，即以私营企业为主导；政府应避免对电子商务作不适当的限制；政府参与的目标应是支持和实施一个可预测的、最小化的、持续的及简单的商务法律环境；政府应充分认识到互联网的独特性质；通过互联网进行的电子商务，应在全球化的基础上得到发展。该纲要还简要分析了电子商务的 9 项议题，即法律事项中的制定电子商务统一标准、知识和产权的保护、保护隐私权和网络安全性等议题；财政事项中的关税、税收及电子支付议题；市场准入事项中的电信建制和信息科技、网络内容和广告、技术标准等议题①"。

三、国际电子商务发展的促进法

电子商务从出现以来,就成为推动各国经济发展的新的动力。这已然成为一股不可小觑的力量。国际组织、非政府组织纷纷出台政策、纲领来为各国出谋划策。电子商务发展促进法是从宏观角度,为电子商务整体发展清除障碍、铺平道路的法律。

1997 年,世界贸易组织达成了《全球基础电信协议》《信息技术协议》和《开放全球金融服务市场协议》3 个协议,这 3 个协议的签订,为电子商务和信息技术稳步有序地发展提供了有利的条件,为电子商务的健康发展打下了基础。

经济合作和发展组织,简称经合组织,在电子商务的许多方面,如涉及在线消费者保护和争议解决、隐私、加密和信息安全、税收等,发布了指南。1998 年 10 月,经合组织渥太华部长会议之后公布了 3 个重要文件《有关国际组织和地区组织的报告:电子商务的活动和计划》《工商界全球商务行动计划》和《DECD 电子商务行动计划》。1999 年,经合组织通过了《经合组织关于电子商务中消费者保护指南的建议》。

欧盟于 1997 年提出的《电子商务的欧洲动议》,目的在于促进欧洲在电子商务领域的增长,增强欧洲在世界市场的竞争地位,为此,它提出了未来共同体行为一致的政策框架,其执行要点有以下几点:第一,开启电子商务革命,迎接电子商务带来的机遇和挑战;第二,扩大电子商务影响的范围和领域,确保在基础设施、技术和服务领域进入全球市场;第三,为电子商务建立配套的法律法规,保证其有效地运行;第四,建立有利的管制框架,提供健康有利的商业环境。

美国在 1997 年 7 月 1 日颁布的《全球电子商务纲要》,正式

---

① 　夏丽萍.电子商务基础与应用[M].北京:北京师范大学出版社,2007,第 226 页.

形成了美国政府系统化电子商务的发展政策和立法规划,英国"科学和技术特别委员会"于 1996 年向国会提交了一份报告:"信息社会:英国行动备忘录",主要提出了英国发展信息高速公路和基础设施的现状并对此提出了 40 项行动计划建议。

第七章　农村电子商务的发展研究

当前我国的经济社会生活呈现出明显的断裂趋向：一方面，广大的农村地区还保留着传统的生活生产方式；另一方面，城市地区电子商务的快速发展已经成为我国经济增长的新引擎。因此，通过发展农村电商带动广大农村地区的快速发展，逆转城乡二元分化不断扩大的趋势，成为了政府解决"三农"问题的重要举措之一。农村可谓是当前电商发展的"真空地带"，有着十分广阔的市场发展空间；再加上近几年互联网，特别是移动互联网在农村地区的广泛普及和渗透，更是为农村电商的发展提供了重要的入口支柱。

第一节　我国农村电子商务发展面临的机遇与趋势

一、农村电子商务概况

随着社会的发展变革，农村电子商务也发生了很大的转变，农村电子商务无论从深度上还是广度上来讲，都向着新的进程不断迈进。从地域广度的发展上看，农村电子商务从以前的一个村一个点的发展向一片区域、一片农村发展；从阶段发展深度来看，农村电子商务由最初的个体网商创业逐渐向公司化运作或者协作平台搭建的趋势发展。农村电子商务经过这些年的发展，逐渐从不成熟走向成熟，逐渐从单独的个体发展成产业集群化。总而言之,农村电子商务呈现出一个典型的阶梯演化的模型状态,如图 7-1 所示。

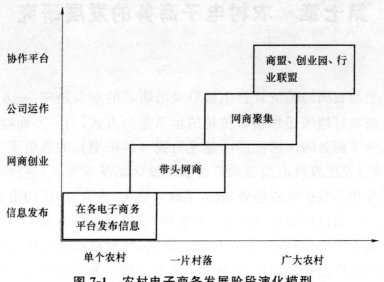

图 7-1　农村电子商务发展阶段演化模型

2014 年年底,国家财政部和商务部联合下发了《关于开展电子商务进农村综合示范的通知》,要求江苏等 8 个重点省份扩大电子商务在工业品下乡和农产品进城双向流通网络中的应用,实现线上与线下交易的融合。这一政策上的导向和支持,为互联网巨头布局农村电商提供了有利的条件。

同时,城市地区的电商市场已经进入了白热化的竞争阶段,且经过几年的急速发展,市场拓展空间也逐渐缩减。与此相反,农村可谓是当前电商发展的"真空地带",有着十分广阔的市场发展空间;再加上近几年互联网,特别是移动互联网在农村地区的广泛普及和渗透,更是为农村电商的发展提供了重要的入口支撑。

2016 年 7 月,中国互联网络信息中心(CNNIC)发布的第 38次《中国互联网络发展状况统计报告》显示,我国网民中农村网民占比 26.9%,规模为 1.91 亿;城镇网民占比 73.1%,规模为 5.19亿,较 2015 年底增加 2 571 万人,增幅为 5.2%。

因此,最近两年,各大互联网电商巨头纷纷开始将发展眼光转向农村这一蓝海市场。如果前几年电商企业在农村的涉足只是小打小闹的话,那么,2014 年也许可以称为"农村电商发展元年"。这一年,"双 11"的电商狂欢依然引人注目。不论是天猫、京东,还是亚马逊、当当,都毫无意外地捷报频传。与此同时,以这一年各大电商刷在农村墙面上的大幅广告为标志事件,互联网企业的农村电商布局和竞争也正式拉开了帷幕。

二、农村电子商务的发展契机

(一)城市化发展带来的契机

到 2013 年,中国的城市化率已经达到了 53.7%,而在这个快速城市化的背后是城乡差距的日益扩大,二元城乡结构日益突出。其特点就是通过城市链接到全球化时间和空间的生产链条,被纳入了国际与区域的资本运作与生产分工,地方政府以高额的价格将廉价的农村土地推入市场,吸引全球化的投资,吸引农民进入城市,成为廉价劳动力,城市化发展迅速。城市(镇)数量和规模变化情况如图 7-2 所示。

城市(镇)数量和规模变化情况 (单位: 个)		
	1978年	2010年
城市	193	658
1000万以上人口城市	0	6
1001万以上人口城市	2	10
1002万以上人口城市	2	21
1003万以上人口城市	25	103
1004万以上人口城市	35	138
1005万以上人口城市	129	380
建制镇	2173	19410
注:2010年数据根据第六次全国人口普查数据整理		

图 7-2　城市(镇)数量和规模的变化情况

资料来源:国家新型城镇化规划(2014—2020 年) (中华人民共和国国务院,2014)

由此带来的问题,一是在"土地财政"上,农村土地在城市化过程中的溢价由于没有与当地乡村的可持续发展联系起来,引发了当地民众和政府的纠纷,群体性土地维权事件不断。16%的农村家庭在最近一波城镇化过程中遭遇过征地、拆迁。二是在城市市民身份和市民社会福利待遇上,农村来的劳动力无法得到城市的医疗、养老、教育等福利,致使许多人口成为城市边缘人。三是城乡生态危机加重。

可以看出,新型城镇需要商品、人力和土地等的城乡对流,可缩小城乡生活与收入差距,带来就业机会,完善商业和公共服务。

而这个城乡对流的机制正在建立,以电子商务为代表的互联网和移动互联网正在加速城乡对流的基础设施的建设。电子商务是占 2013 年中国消费总量 7.9% 的网上消费。截至 2013 年 12 月,中国网民规模达 6.18 亿人,手机网民规模达 5 亿人,中国网络购物用户规模达 3.02 亿人。

(二)农村电商发展的问题

1."流量红利"终结带来的影响

过去 10 年是我国互联网高速发展普及的时期,促成了电子商务的迅猛崛起。那是一个电商发展的黄金时代,各大电商企业借助网络初期发展的流量红利,取得了不俗的发展成果。

一方面,互联网的普及让越来越多的普通消费者开始尝试网上购物,为电子商务的发展带来了海量的目标群体。根据 CNNIC 发布的第 38 次《中国互联网络发展状况统计报告》,截至 2016 年 6 月,我国网民规模达到 7.10 亿,半年共计新增网民 2 132 万人,半年增长率为 3.1%,较 2015 年下半年增长率有所提升。互联网普及率为 51.7%,较 2015 年底提升 1.3 个百分点。互联网逐渐渗透到社会生活的各个维度。

另一方面,电商不断突破行业边界,线上产品涵盖了从图书、3C 家电、化妆品、服装鞋帽到日用百货、生鲜、生活服务等各个品类,这也促成了电商规模的爆发性增长。

然而,10年之后,互联网的"流量红利"已成为过去。今天的电商竞争日益白热化,电商市场发展逐渐趋于平稳。

一方面,普通消费者转化为网购用户的速度逐渐减慢。根据相关的统计数据,我国整体网民规模增速仍在持续减缓。另一方面,线上图书、3C家电、化妆品、服装鞋帽等核心品类的网购渗透率已经超过了20%甚至更多,依靠品类扩张实现高速增长的可能性大大降低。

虽然现在还不能说城市电商市场已经趋于饱和,但不论是从用户流量还是从产品品类的角度来看,城市电商的增长无疑是进入了"高原区"。也许,阿里、京东等电商巨头在未来几年依然能够保持着持续增长,但也不得不面临着各种扩张的困境。

2.物流建设瓶颈与支付方式转变

"无物流,不电商",这一命题在农村电商的发展中得到了最大程度的验证。在当前纷纷扰扰的电商下乡过程中,企业面临的最大问题就是农村的基础设施缺失,其中尤以物流和支付体系方面最为突出。

在物流方面,当前几乎所有的快递公司都难以将触角延伸到村一级,物流成了企业发展农村电商普遍面临的难题。究其原因,一方面固然是由于以往国家的发展重心和政策倾向所致。但另一方面,相对于城市人口密集分布的特点,农村分散的人口布局也使电商企业无法按照城市的物流模式进行布局:一是配送成本会非常高;二是返程空载率也较高,进一步抬升了物流成本。

至于支付方面,一方面是农村金融网点的布局还很不完善,另一方面则是在线支付的模式对于很多人来说是完全陌生的。在农村这个古老而封闭的广大地区,很少有人具备在线支付的独立操作能力。而且,相对传统的思维模式也让他们对互联网运作保持着天然的戒心,需要时间来逐渐接受网银、支付宝或微信支付等在线模式。

三、农村电子商务发展趋势

（一）农村电子商务纵深化趋势

随着我国整体经济的发展，无论是城市还是农村地区，基础设施建设越来越完善。在电子商务这一块，基础设施的建设也日益完备。在这样一个条件下，无论是电商企业，还是消费者个人，参与电子商务活动的深度都得到了进一步拓展。图像通信网、多媒体通信网将建成使用，三网合一潮流势不可当，高速宽带互联网将扮演越来越重要的角色，整个中国，不仅是城市地区，还有乡村地区，都进入了网络信息时代，数字化的发展趋势让电子商务得到了前所未有的发展，这是整个世界的一种发展趋势。在这样的大环境下，我国电子商务的发展将需要良好的网络平台和运行环境。电子商务的支撑环境逐步趋向规范和完善。个人对电子商务的应用将从目前点对点的直线方式走向多点的智能式发展。

（二）农村电子商务个性化趋势

农村电子商务的发展与传统商务活动的发展一样，将逐渐由笼统化发展为精细化，市场逐渐被细分，人们的个性化也将不断得到满足。这种个性化定制信息需求将会强劲，由这样的需求引发的个性化商品的深度参与成为必然。在传统商务活动中，会受到各种各样的局限，如时间上的制约、空间上的制约，以及一些涉及消费者隐私方面的制约，电子商务的出现打破了这些传统的制约，是对传统秩序型经济社会组织中个人的一种解放，使个性的张扬和创造力的发挥有了一个更加有利的平台，为消费者各种各样的个性需求提供了一种满足的条件。而这也正是农村电子商务发展的一大趋势。能否真正为消费者着想，立足消费者，满足消费者的个性化需求，这也是未来农村电子商务能否稳健发展的一个重要的衡量标准。

(三)农村电子商务专业化趋势

一是面向个人消费者的专业化趋势。农村电商要继续前行，要在同类企业中脱颖而出，一个重要的渠道就是看其能否满足消费者的个性化要求，为消费者提供专业化的产品线和专业水准的服务。电子商务面对的买方是多种看不见的群体，通常，他们见多识广，会在网上比较相似类型的产品或服务，因而，他们对网上交易更加"挑剔"，也更加注重个人的网上购物体验，消费个性化需求比较强烈。所以相对而言，提供一条龙服务的垂直型网站及某类产品和服务的专业网站发展潜力更大。二是面向企业客户的专业化趋势。对 B2B 电子商务模式来说，以大的行业为依托的专业电子商务平台前景被看好。

第二节　农村电子商务的阿里与京东模式

一、阿里运营模式

(一)基本情况

阿里巴巴是由马云在 1999 年一手创立的 B2B 网上贸易市场平台。2003 年 5 月，阿里巴巴投资建立个人网上贸易市场平台——淘宝网。2004 年 10 月，阿里巴巴面向中国电子商务市场推出基于中介的安全交易服务，投资成立支付宝公司。阿里巴巴在香港设立公司总部，在杭州设立中国总部，并在海外设立美国硅谷、伦敦等分支机构、合资企业 3 家，在中国超过 40 个城市设有销售中心。2013 年 4 月 29 日，阿里巴巴购入新浪微博公司发行的优先股和普通股。

阿里巴巴网络是阿里巴巴集团旗下专门从事 B2B 业务的企业,也是阿里巴巴集团的旗舰子公司,它的宗旨是:致力于建立全球最大的买家和卖家网络社区,让天下没有难做的生意。阿里巴巴网络通过旗下三个交易市场协助世界各地数以百万计的买家和供应商从事网上生意。三个网上交易市场包括:集中国内贸易的中国交易市场(www.1688.com),集中服务全球进出口商的国际交易市场(www.alibaba.com),以及通过一家联营公司经营、促进日本外销及内销的日本交易市场。此外,阿里巴巴网络也在国际交易市场上设有一个全球批发交易平台 (www.aliexpress.com),其服务规模较小、需要小批量货物快速付运的用户。所有交易市场形成一个拥有来自 200 多个国家和地区超过 7 000 万名注册用户的网上社区。阿里巴巴网络也向中国各地的企业提供商务管理软件及互联网基础设施服务,并设有企业管理专才及电子商务专才培训服务。

(二)产品与服务

1.高效的信息平台

阿里巴巴网络是一个电子版的大集市。阿里巴巴对企业的需求进行了充分的调研,同时利用网络将企业登录汇聚的信息进行整合,进而分类,使整个网站栏目独具特色,同时也使各个企业用户得到了有效的信息和服务。通常而言,阿里巴巴网络主要信息服务栏目包括:

(1)商业机会:这个项目涉及 27 个行业,涵盖了 1 000 多个产品分类,能够提供供求信息达 50 万条。

(2)产品展示:根据网络系统可以识别阿里巴巴的会员,对于会员的产品,可以通过一些图文并茂的产品信息库陈列展示出来。

(3)公司全库:目前已经汇聚 4 万多家公司网站。通过公司全库,用户可以对公司的详细资讯进行了解,同时能够快速有效地找到合适的贸易伙伴。会员也可以提出申请,将自己的公司加入到阿里巴巴"公司全库"中,并与公司全库的相关类目相连接,从而了解公司的全貌。

(4)行业资讯:关注各行业的动态,及时发布最新动态信息,会员还可以对各类信息进行分类,并订阅这些信息,直接通过电子邮件接收。

(5)价格行情:对各行业企业的市场动态进行把握,提供最新报价,及时更新市场价格动态信息。

(6)以商会友:商人俱乐部。会员们可以通过这样一个平台谈天说地,对行业提出不同的见解,并进行交流沟通。

(7)商业服务:提供外币转换、航运、保险、税务、贸易代理、信用调查等咨询和服务。通过这些栏目,用户可以掌握更多有用的信息,可以掌握一些与时俱进的商业信息,从而丰富网上交易市场。

在阿里巴巴网络上,每天的信息流十分巨大,与联合国贸易和发展会议相比,信息量是其 40 倍,对一个理性的企业而言,目前在网上还不可能找到合适的阿里巴巴网络替代品。阿里巴巴网络能够使企业获得巨大的信息量,从而大大减低交易成本,这也是阿里巴巴网络备受青睐的原因之一。

2.完善的增值服务

为了使用户能够更加高效地从海量的数据中找到所需的信息,在信息技术潮流发展的带动下,阿里巴巴网络开发出更多贴合中小企业电子商务需求的项目与产品,如商务搜索和商务软件等。此外,阿里巴巴还致力于打通各业务之间的沟通环节,使业务之间产生融合助推效应。

不断完善的增值服务增加了阿里巴巴网络平台的价值,增强了用户黏着度,实现了用户 Meet at Alibaba(交易在阿里巴巴)到 Work at Alibaba(工作在阿里巴巴)的转变。

(三)运营模式

1.个性化服务,满足不同消费者的需要

阿里巴巴采用本土化的网站建设方式,在不同国家采用当地的语言,简易可读,这种便利性和亲和力将各国市场有机地融为一体。阿里巴巴已经建立并运作多个相互关联的网站:alibaba.com、www.1688.com、www.alibaba.co.jp、www.aliexpress.com等。这些网站相互链接,内容相互交融,为会员提供了一个整合一体的国际贸易平台。

阿里巴巴实际上为厂商提供了一个互动渠道和寻找贸易机会的平台,厂商通过这个平台一方面可以全面、准确地宣传自己,如厂商加强自己商务网站的建设,使自己网站的信息服务更加周到、细致,另一方面,厂商通过这一平台能够寻找到自己更加满意的贸易伙伴。

"阿里巴巴以商会友虚拟社区"提供的一些专栏,如服务咨询和行业论坛等专栏,这些专栏一方面可以展示出阿里巴巴的各项服务,为各厂商提供行业咨询,另一方面还为会员的参与提供了一个机会和平台。在网站服务方面,阿里巴巴对专业性越来越注重,同时越来越注重对服务手段和方式进行细分,同时十分注重推出个性化的服务。

2.构建诚信平台,开启认证先河

随着电子商务交易的不断增加,线上线下交易的持续频繁,电子商务交易中的信用问题就随之凸显出来,成为了一个制约电子商务发展的瓶颈。

阿里巴巴在信用风险的有效防范上可以说是做成了其他电子商务企业的楷模。为把阿里巴巴打造成一个诚信、安全的商务社区,2011年,阿里巴巴投入过亿元,要求所有会员必须通过实地认证,并由客户经理深入到供应商企业中,对企业申报信息进行实地考核,确保信息的真实有效。截至当年年底,已有数万名会员通过认证。阿里巴巴开启平台会员认证先河,未来阿里巴巴将会继续致力于对会员信息真实性认证的工作,为买家创造良好的平台。

(四)资本模式

1999 年 3 月,马云以 50 万元在杭州创建了阿里巴巴集团。1999 年 10 月,阿里巴巴集团经过努力,获得了 Investor AB、高盛、富达投资(Fidelity Capital)和新加坡政府科技发展基金投资的 500 万美元"天使基金"。2000 年 1 月,软银向阿里巴巴集团投资 2 000 万美元。2002 年 2 月,阿里巴巴进行第三轮融资,日本亚洲投资公司向其注资 500 万美元。2004 年 2 月 17 日,阿里巴巴获得 8 200 万美元的战略投资,投资者包括软银、富达投资、Granite Global Ventures 和 TDF 风险投资有限公司四家公司,其中软银是阿里巴巴最大的机构投资者,投资了大约 6 000 万美元。2005 年 8 月,雅虎和阿里巴巴共同宣布,雅虎通过将 10 亿美元和雅虎中国全部业务作价,换购了 39% 的阿里巴巴集团股权。这次交易使得阿里巴巴前期的风险投资机构多数都顺利的退出,其员工也将部分股票套现,从此雅虎成为阿里巴巴集团的最大股东。2007 年,阿里巴巴在香港上市。2012 年 2 月公司管理层公开宣布私有化。

2012 年 6 月,阿里巴巴网络正式从香港联交所退市。2012 年 9 月,阿里巴巴集团完成对雅虎初步的股份回购并重组与雅虎的关系。2013 年 1 月,阿里巴巴集团重组为 25 个事业部,以更好地迎接中国快速增长的电子商务市场。2014 年 3 月,阿里巴巴启动该公司整体在美国进行 IPO(首次公开募股)上市准备事宜。

(五)盈利模式

阿里巴巴的盈利组成以会员费为主,增值服务费为辅。近年来伴随着电子商务在中国的普及,增值服务对企业的价值不断显现,增值服务费的占比逐年增加,其中网销宝和黄金展位是主要来源。阿里巴巴的收入结构如图 7-3 所示。

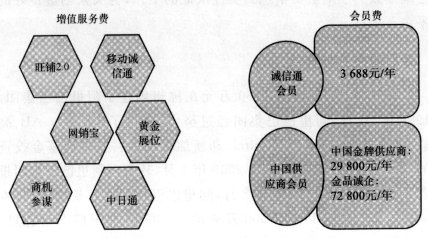

增值服务费

会员费

旺铺2.0
移动诚信通
网销宝
黄金展位
商机参谋
中日通

诚信通会员
3 688元/年

中国供应商会员
中国金牌供应商:29 800元/年
金品诚企:72 800元/年

图 7-3　阿里巴巴的收入结构

1. 会员费

阿里巴巴的利润主要来源于注册会员交纳的会员费。其付费会员有两种类型,国际交易平台的会员和国内交易平台的会员,一种是中国供应商,另一种是诚信通会员。

"中国供应商"主要是给出口型的企业提供便利,为这类企业服务的,通过在网上建立贸易社区,将中国的出口供应商推荐给国际客商,从而帮助出口供应商获取国际订单。其服务包括独立的"中国供应商"账号和密码,建立一系列英文网址,从而方便国际上其他国家在线浏览企业。诚信通主要是为从事国内贸易的买家和卖家服务的,主要的操作流程就是,向注册会员出示第三方对其的评估,同时出示在阿里巴巴的交易诚信记录,从而有效帮助诚信通会员获得采购方的信任。如果供应商是中国的,同时又是诚信通会员,那么不仅容易获得买家的信赖,同时还拥有企业信息的优先发布权,从而方便客户更快地找到企业。会员制收费模式给阿里巴巴带来了巨大的成功。

2.增值服务费

阿里巴巴网络的增值服务包括旺铺2.0、移动诚信通、商机参谋、中日通、网销宝、黄金展位,其中网销宝和黄金展位是增值服务费的主要来源。

黄金展位主要是阿里巴巴网络为企业品牌提供的展示平台。当然,企业也需要通过购买来获得黄金展位。在获得黄金展位后,企业会以最醒目的形式在指定行业列表页的显著位置优先展示企业相关信息,这样不仅能让客户一眼看到,同时还能提高企业曝光率,帮助企业提升行业知名度。黄金展位的优势可归纳为三点:①醒目的位置投放,黄金展位位于列表页右侧显著位置,从首页至末页,迅速提升买家关注度;②强力的视觉营销,黄金展位可以放置超大图片,视觉冲击力强,以最醒目的形式彰显给用户的推广内容;③营销对象更精准,黄金展位与产品所属行业分类或搜索关键词紧密结合,营销更具针对性。

网销宝是2009年3月阿里巴巴网络在中国市场推出的按效果付费的关键词竞价系统,原名为"点击推广",后改名为"网销宝"。该服务类似于百度的"百度推广"和淘宝的"直通车"服务。

(六)存在问题与建设性提议

阿里巴巴目前是全球最大的 B2B 综合类网站,流量大,信息全面,并形成了一定的品牌知名度,会员的增多、知名度的提升、品牌的树立使阿里巴巴的供求信息越来越多,这也促使了更多的人使用阿里巴巴,为此,阿里巴巴应在前进的过程中,不断解决存在的问题,完善自己的服务。

1.只介入交易机会中的交易信息

阿里巴巴对电子商务市场的运行规律和发展趋势都理解得较透彻,对用户的需求也有一定的理解,推出的产品更受青睐,不足之处是只介入交易机会中的交易信息,交易过程一概不管。会员信息量很大,信息越来越细分化,但商品错杂,提供给有关会员的信息,要具有针对性和有效性,要始终保证信息的高质量,否则,这将成为制约其发展的最大障碍,且平台越铺越大,竞争越来越激烈,服务能不能跟得上是个难题。

阿里巴巴可以想办法给企业提供更好的服务、更有生命力的信息。阿里巴巴每天有很多的资讯,但是这些资讯有些对于企业来说不是很及时和贴近实战的,所以阿里巴巴应该自己成立专家团,收集和采编阿里巴巴会员第一手的实战商业资讯,以商人的眼光和手法去采编,重点突出商业实战的真实问题,并第一时间及时地反馈给企业,让企业少走弯路,尽快成长,在信息网络日益全球化的进程中,中国B2B网站必须把握中国独特的本土化竞争优势资源,信息服务与本地特性相结合,才能打造自己的核心竞争力。

2.会员结构显得鱼龙混杂

在初期的时候,阿里巴巴实行的全开放、免费加入的形式,这就使得在会员结构方面呈现出鱼龙混杂的特点,没有办法对有实力的大企业和没有实力的小企业做一个很好的区分,这就使得差异化营销无法很好地进行,没有办法给具有实力的企业提供相关的服务,做出更好的价值。

阿里巴巴如果改变企业的年费收费方式,改成效果付费方式,那样的话,短期收益可能会降低,但针对长远来讲也许会有一个新的发展。

3.要处理好客户满意度和客户数量增长之间的矛盾

虽然现在看来,阿里巴巴的服务和产品的种类是很多,也是很完善的,但是由于在上面的企业也有很多,企业所需要的各种服务也不尽相同,因此,在未来的发展中,就需要对企业进行个性化需求定制,而企业个性化需求将是一些中小型电子商务企业竞争的焦点和发展点,阿里巴巴要从真正促进交易的效率和交易深度中实现自己的价值,提供更多能让会员赚钱的多种服务,要处理好客户满意度和客户数量增长之间的矛盾。阿里巴巴同行业的厂商竞争加剧会导致厂商难以赚钱,并导致部分付费厂商的需求无法得到满足,同时,厂商之间的激烈竞争,会使得厂商之间的激烈价格战导致厂商利润的下降。电子商务的利润点一定不是聚焦在信息量多少和提供多少信息上,而是在附加值上。

阿里巴巴还可以提供政策法规、关税、报关、商检、航运、保险、进出口业务、外汇换算等咨询代理服务,以及一些网下的网上贸易培训,丰富市场中介功能,实现网站增值收益。阿里巴巴可通过丰富自己的东西和服务,将企业与阿里巴巴平台紧密联系起来,从而使旗下的企业统一起来,逐渐培养起企业会员对阿里巴巴的依赖性。

4.面临供应商客户数量和供应商满意度之间的矛盾

由于阿里巴巴的网络经纪模式中,供应商的身份是"客户",模式的主要风险也就来自于一方面要帮助自己的客户提高盈利能力,而同时又要给一个让采购者能进行比价的平台,所以这种"客户"(供应商)的不满意必然会埋下巨大的潜在风险,导致供应商客户达到一定阶段之后就必然要面对供应商客户的持续增长与供应商客户满意度之间的矛盾冲突,基于这种分析,最终随着客户的持续增长将导致大量的供应商有可能发现赚不到预期的钱。另一方面,当大量中小企业不懂得网络营销的时候,可以靠阿里巴巴的鼓动性宣传保持阿里巴巴的快速发展,但一旦他们越来越了解网络营销,他们最终可能会更多地利用搜索等其他手段做推广而不是到阿里巴巴开辟的平台上去参加一场血腥的价格拼杀。而在宏观环境不景气的情况下,这种血腥的价格拼杀对供应商也就将变得异常惨烈。而要解除这两者之间的矛盾,一个必要的条件就是网络经纪平台上终端采购者的增长速度要大于供应商客户的增长速度。所以,对于网络经纪平台型的企业,持续保持终端采购者的快速增长(至少不低于供应商端的彼此竞争的产品厂商数量的增长速度)就将成为模式长期持续成功的必然条件。要保持终端采购者的快速增长,意味着网络经纪平台型企业必须要在推动终端方面付出更多的关注和投入,同时,从产业链竞争的理念出发,网络经纪平台型的模式提供者,应该是在帮助一条产业链去与其他的产业链竞争,而不是仅仅帮助一个产业链内的供应商去从同一个产业链的另一个供应商手中去争抢客户,这个挑战会更高,难度会更大。

(七)阿里的农村电商系统

1."淘宝村"的建设

阿里对农村的巨大的潜在价值有着清晰的认识,对于农村电商的布局已经准备了许久。中国统计局发布的数据来看,截至2014年年底,中国约13.7亿的人口总数中约有6.2亿人为农村常住人口。根据CNNIC(中国互联网信息中心)发布的统计数据:国内约6.5亿人的网民中位于农村的占1.8亿人,但是网购用户数量却以40%的年增长率在迅速增长。2014年,淘宝网的总交易额为3万亿元,而来自三四线的城市总消费规模相对增长了。相比于城市的日趋饱和的电商市场,农村电商迎来了发展的黄金时期。

早在2010年,阿里就在淘宝网上线了"特色中国"板块,尝试着让农民将一些带有地方特色的产品在网上售卖。从最初只有3个的"淘宝村",2013年增长至20个,到了2015年数量增至211个,阿里的农村电商变革了农村传统的生活形态。

取得这些成就的阿里没有满足,而是加快布局:2014年10月底,阿里启动"千县万村"计划,推出农村线上交易平台——农村淘宝。董事会主席马云表示:未来的3～5年投入100亿元用于1 000个县级运营中心及10万个村淘服务站的建设。

基础设施的建设是阿里未来农村电商收获巨大效益的重要依托。而马云的竞争对手马化腾也对农村给予了高度的重视,马化腾曾公开表示："农村是金矿。"随着移动互联网技术的迅速发展，电商企业纷纷开始进行农村战略布局。

阿里巴巴一直关注农产品电子商务的潜力，也一直在布局。在阿里 B2B 事业群［2012 年拆分为阿里小企业业务事业群（CBU）与阿里国际业务（ICBU）］，C2C 及淘宝，B2C 天猫成为农产品网上销售的重点板块。阿里小企业业务事业群（CBU）在网站运营部推出了农业频道，针对国内农业的批发业务。阿里国际业务（ICBU）推出了针对国际农产品批发贸易，从发布到信息平台，深耕农产品专项类别，对国际农产品寻价。因为国内和国际农产品批发业务已经有成熟的市场信息平台、渠道、游戏规则和既有利益团体，所以在农产品批发业务上，阿里巴巴集团需要循序渐进。但在满足中国迅速增长的中产阶层对食品安全、食品特色和乡愁情怀的巨大需求下，淘宝这个以个性需要为主，社交化的 C2C 平台更加蓬勃地发展起来，填补了这方面的空白。淘宝平台针对食品安全开设了生态农业频道（ny. Taobao. com），针对食品特色和乡愁情怀开设了淘宝特色中国频道（http://www.taobao. com/market/china/home. php）。同时聚划算通过和农产品线下传统的渠道商和经纪人积极合作，探索大宗农产品 B2C 的方式。天猫积极发展食品类目，发展食品及农产品销售，在商家业务部推进涉农运营服务商。更大的创新在其物流事业部和规划部进行的 E 邮站项目，通过部署农村网店，发展农村代购业务，解决农村居民买货难的问题。在普惠金融方面，支付宝于 2012 年 7 月成立了农村事业部，将为涉农企业打造融资平台作为一项主要工作，并计划以用户消费数据和类似征信手段搭起一个传统金融机构的授信业务和涉农企业的小微贷款需求之间的桥梁，成为中间贷款发放和还款的金融渠道，完成涉农企业和个人的贷款管理。

淘宝网（含天猫）农产品交易额趋势变化图（单位：亿元）（阿里研究院，农产品电子商务白皮书 2012）如图 7-4 所示。

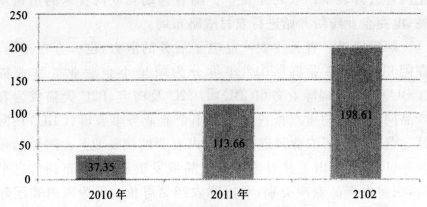

图 7-4　淘宝网(含天猫)农产品交易额趋势变化图(单位:亿元)
(阿里研究院,农产品电子商务白皮书)①

另外,以淘宝为交易平台的淘宝村也开始发展起来,到 2013 年,根据阿里研究院对淘宝村的调研,形成规模的淘宝村以河北高碑店(箱包)、山西临县(杂粮)、江苏睢宁(家具)、安徽舒城(童车)、福建安溪(茶叶)、山东博兴(草编)、四川青川(干货)和浙江遂昌(竹茶生鲜)尤为突出。可以看出,淘宝村从无到有,发展迅速。但淘宝村,并非都是以农村电商为主,很多是以在农村进行工业生产、加工和商贸为主,所以以农产品为主的创新模式尤为可贵。

2.完善供应链体系

在以往的互联网电子商务的交易中,阿里巴巴等电商企业通过支付宝、第三方平台监管及无理由退货等服务架构起了城里人和城里人的互信,实现和达到了交易的诚信。但这些交易基本都限于服装等工业产品,这些工业产品有统一的产品标准和行业检验检测体系,因此为买卖双方建立互信体系提供了良好的基础。相比之下,农产品的生产则更多的是非标准,每个地方的瓜果蔬菜大小不一、品质各异。以有机食品为例,应该如何科学严格地

---

① 农产品电子商务白皮书(2012 年)

检测检验,目前在国内缺乏一个完整的具有可操作性的标准。且对于一些地方特产,检测检验的难度还十分高,很难实现标准化的控制。如何来界定这些地方特产的质量,这一系列的问题都带来农产品在品质控制、检测监控这些基础问题上的难题。针对这些问题,应该建立起一个包括生产、包装、仓储、运输、销售等环节在内的一个智慧供应链①。这个智慧供应链主要包括以下几个方面,如图 7-5 所示。

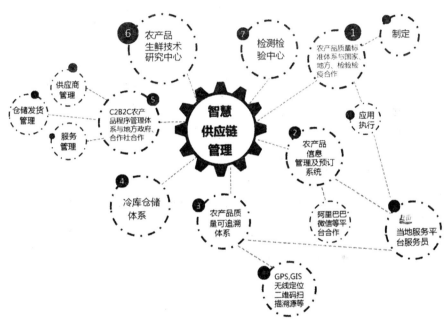

图 7-5 农产品上行智慧供应链

第一是农产品质量标准体系的制定,统一后续检测监管等问题的参考标准。

第二是农产品信息管理与预订的系统,通过该系统,将顾客的需求与农户的生产进行对接,实现定制式地生产农产品,以减少农产品滞销的问题。

第三是农产品质量可追溯体系,建立一个可实时监控农产品

---

① 遂昌网店协会

的生产、储存、运输、销售等各个环节,在事后还能定向地对某一具体环节进行定位的追溯。

第四是冷库仓储的冷链体系。农产品上行绕不开保质保鲜,因此需要一条可信赖的冷库仓储和冷链运输体系。

第五是农产品程序管理的体系,该体系综合管理、记录、备份农产品的仓储、发货等信息,并接收客户的售后服务和反馈信息,方便供应商及时管控。

第六是农产品的生鲜技术研究,不同农产品对保鲜技术的要求各不相同,比如保鲜的温湿度、时间等,需要通过实验有针对性地确定。

第七是检测检验的技术,除需要符合国家的统一标准外,各地方还需要建立进一步的更严格的分级检测检验标准,从国家政府到地方政府及企业都需要参与进来一起来完善。

3.借助政府力量

淘宝平台是依靠海量的中小企业及个人卖家,利用市场化的运作机制发展起来的。但是,与市场化程度较高的城市地区相比,我国广大的农村市场显然更为古老和传统,政府的权威和政策导向也具有更大的影响力。因此,在无法完全依靠市场化的运作实现农村电商的发展时,借助于政府的力量来以点带面,成为阿里布局农村电商的最佳选择。

2014年,浙江省商务厅和阿里巴巴集团共同主办了"首届中国浙江县域电子商务峰会"。在峰会上,阿里巴巴宣布将启动千县万村计划,在3～5年内投资100亿元,建立1 000个县级运营中心和10万个村级服务站。

从当前已建成的服务站来看,它们都以"农村淘宝"为统一的主题标示,通过整合利用农村小卖部的资源,提供网上代买、网上代卖、网上缴费、创业培育以及本地生活五大服务项目。正是以这些县级运营中心和村级服务站为基点,阿里顺利地将供应链和服务体系下沉到了农村,促进了"网货下乡"和"农产品进城"的双向流通,推动了农村生产和消费方式的转型升级。

二、京东运营模式

(一)基本情况

在 1998 年,京东公司成立。在京东创立之初,主要业务放在传统销售业务上,主要是销售光磁产品。从 2004 年起京东正式涉足 B2C 行业,到 2010 年基本维持每年 300% 的销售业绩增长,目前已拥有遍及全国超过 6 000 万个注册用户,近万家供应商,在线 14 大类数万个品牌百万种优质商品,日订单处理量超过 50 万单,网站日均页面浏览量(PV)超过 1 亿次。京东商城试水电子商务之初以 3C 产品为切入点,2010 年京东商城图书产品上架销售,实现从 3C 网络零售商向综合型网络零售商转型;2012 年京东商城开放服务(JOS)上线,标志着京东商城系统的全面开放,京东商城由 3C 垂直自营电商转型为综合平台型电商。

(二)产品与服务

1.主要商品

京东商城在线销售商品包括家用电器,汽车用品,手机、数码,计算机、办公,家居、家具、家装、厨具,个护化妆,运动户外,母婴、玩具乐器,营养保健等。其中家用电器,手机、数码,计算机、办公商品及日用百货这四大类就超过 3.6 万种商品。

2.主要服务

京东商城提供了灵活多样的商品展示空间,消费者查询、购物都不受时间和地域的限制。依托多年打造的庞大物流体系,消费者充分享受了"足不出户,坐享其成"的便捷。目前,分布在华北、华东、华南、西南、华中、东北的物流中心覆盖了全国各大城市的货物配送。2009年3月,京东商城成立了自由快递公司,物流配送速度、服务质量得以全面提升。京东商城在为消费者提供正品行货、机打发票、售后服务的同时,还推出了"价格保护""延保服务"等举措,最大限度地解决了消费者的后顾之忧,保护了消费者的利益。

(三)运营模式

1. 低价正品保障

网上购物最大优势在于其价格。相比于传统实体零售企业,由于节省了实体店租金、中间商的流通环节,网上购物网站可以将这些费用节省体现在价格上,因而具有很大的竞争力和吸引力。京东商城更是将这一优势发挥到了极致,"京东价"也成为国内3C领域的价格风向标。为贯彻低价策略,京东商城大打价格战,从开始几乎不盈利,不重视毛利率,提高周转率只为形成价格优势从而扩大销售量,到拥有了客观的销售量后直接从品牌厂商处拿货,能够获得自己希望的进货价格,并在完成销量之后获得更高的年终返点,从而形成更高的价格优势。为了开拓图书市场,2010年年末,京东商城CEO刘强东利用微博与以图书起家的当当网开始了激烈竞争,宣布"每本书都要比竞争对手便宜20%"的全场打折特价秒杀活动,强势介入图书市场,吸引了大量顾客,虽然开销巨大,但仍起到了市场推广的作用。

与一些网购平台的鱼龙混杂不同,京东商城保证在其平台上出售的商品皆为正品,每一笔订单都会根据消费者需求附上发票,因此在消费者心目中更有保证,尤其是3C类数码产品,消费者辨识能力低,在京东商城上买真品已经成为大家的共识。

2. "211"物流服务

2010年3月,京东商城推出"211限时达"服务。其主要内容是当日上午11:00前提交的现货订单(以订单出库后完成拣货时间点开始计算），当日送达；夜里 11:00 前提交的现货订单（以订单出库后完成拣货时间点开始计算），第二天 15:00 前送达。

为了兑现"211"承诺，提高用户满意度，京东商城选择自建物流，目前已经在北京、上海、广州、成都、武汉等完成了一级物流中心的布局，在 27 个城市设配送站，在全国约 100 个城市拥有物流配送队伍。自建物流还能够支持货到付款，符合用户购买家电产品时的付款习惯，对不习惯、不方便网上付款的人群来说提供了渠道，同时可以现场验货，增加了用户对品牌的信任。

3.体育营销与娱乐营销

2010 年 3 月，京东商城高调成为中超主赞助商，根据赞助获得主赞助商荣誉称号、中超唯一的官方零售网站资格、赛场广告牌、赛场大屏幕光照、赛后发布会看板广告，以及对同类企业的排他协议等权益。比赛期间，京东商城可以通过现场大屏幕向球迷做广告营销，球迷可以通过手机短信获得商城优惠券。可以说，这一营销手段对于扩大京东商城的知名度和关注度是有利的。中超 2009 年电视观众为 1.9 亿人次，现场观众为 391 万人次，由于事件不断，大众对中超的关注度实际上是提高的；而正因为中超处于低谷，京东商城此时可以以较低价格获得赞助权。同时，中超的 16 支球队与京东商城主销城市契合，受众目标也是以男性为主、热爱体育、热衷电子类产品的人群。通过赞助中超，京东商城的名称和品牌可以获得很高频次的曝光，对于已经是京东商城用户的人群来说，这一促销可以巩固京东商城在这部分人中的影响力，培养其对京东商城的品牌信赖，使之成为具有较高忠诚度的顾客。

京东商城还将软性广告的首次尝试投放在曾热播的都市情感剧《男人帮》，同时，聘请该剧男主角扮演者孙红雷担任京东商城形象代言人，在该剧播出期间联合众多国际国内知名服饰品牌进行多场"男人帮"主题营销活动，效果不俗。由于《男人帮》的收视人群大多是都市白领和学生群体，正好与京东商城的主要消费群体重合,《男人帮》在这两个群体中热议的同时京东商城自然也收获了关注,有效确立了时尚品牌形象,有助于加盟京东商城开放平台的品牌商扩大销路,也有利于吸引更多优质服饰品牌加盟。同时,抓住市场热度的时机配合直接营销宣传,印发"男人帮"专区的宣传彩页手册发放至大学校园,不仅有电视剧出现的搭配,还有商城宣传及促销信息,这种策略的好处是在大学生这一定向目标群体中实现大规模、高频率的宣传覆盖,利用大学生热爱时尚潮流、对该影视剧的关注、对促销信息的兴趣增加客户流量。

(四)盈利模式

1.采购价与销售价之间的差价

自 2004 年创立至 2008 年,京东商城的年销售额分别为 1 000 万元、3 000 万元、8 000 万元、3.6 亿元、13.2 亿元,2010 年后京东商城销售额破百亿元,2012 年破 600 亿元,虽然京东商城的毛利率只维持在 5% 左右,但是逐年翻倍的营收规模还是让人们看到京东商城未来盈利的希望。

2.店中店租金

作为一个开放的电商平台,京东商城能为各个生产商、代理商、零售商、专卖店或者其他电子商务网站的优质商户提供网店空间,同时为它们提供完善的供应链管理和协助,京东商城根据不同的配置收取一定的租金。

3.广告收入

京东商城 2008 年的广告收入为几十万元,而 2012 年,其广告收入已接近 2 亿元。在开放广告平台后,来自广告方面的收入会更高。

（五）资本模式

京东商城营收规模的成倍增长离不开资本的推动,迄今为止京东商城已经完成第 5 轮融资,融资历程如下。

2007 年,京东商城获得了来自今日资本千万美元的融资。

2008 年年底,京东商城获得今日资本、熊牛资本以及亚洲著名银行家梁伯韬私人公司共计 2 100 万美元的联合注资。

2011 年年初,京东商城获得俄罗斯投资者数字天空技术、老虎基金等共六家基金和社会知名人士融资共计 15 亿美元。

2012 年京东商城完成 4 亿美元融资。

2013 年年初京东商城完成 7 亿美元融资,投资方包括新股东加拿大安大略教师退休基金和 Kindom Holdings 公司,京东商城其他主要股东进行跟投。

（六）物流模式

京东商城并没有像其他 B2C 企业那样完全将物流业务外包出去,而是同时创办了自己的物流体系。目前京东商城的物流模式主要有两种:自建物流体系与自建体系＋第三方物流。

1. 自建物流体系

目前,京东商城拥有由六大物流中心、27 个城市仓储中心、近 1 000 个配送站点、300 多个自提点组成的覆盖全国 1 170 个区县的自建物流体系,拥有超过万人的专业配送队伍。未来,随着京东商城“亚洲一号”仓储中心的全面启动,京东商城的日订单处理能力将提升数十倍,物流配送不仅可以满足日益增长的货运需求,还将开放剩余产能给开放平台的商家,进一步帮助合作伙伴降低成本、提升效率。

京东商城选择自营物流,就能对供应链各个环节有较强的控制能力,容易了解物流的动向,可以保证物流方面拥有良好的服务质量。自营物流覆盖范围广,也可以使顾客更快地收到自己所购买的商品,从而提高顾客的满意度、忠诚度,使企业更有竞争力。

2. 自建体系+第三方物流

随着互联网应用的深入,京东商城业务阵营已经扩展到二级城市或三级城市。可是,如果在全国每个二级城市都建立自己的物流或运输公司,成本至少要数百亿元。更何况,现在二级城市的利润不足以维持物流中心的运营。因此,在一些小城市,京东商城和当地的快递公司合作,完成产品的配送,而在配送大件商品时,京东商城选择与厂商合作。比如海尔在太原就有自己的仓库和合作的物流公司。京东商城与海尔合作,不仅能利用海尔在本地的知名度替自己扩大宣传,也较好地解决了资金流和信息流的问题。下面用图7-6来说明京东的自建物流体系。

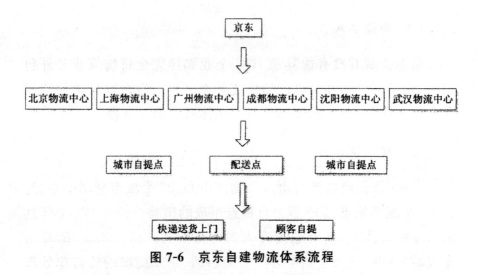

图 7-6 京东自建物流体系流程

(七)京东的农村电商系统

1. 建立县级服务中心

2015年被称为"农村电商启蒙车",在这一年,京东推出了"县级服务中心"。

　　京东县级服务中心就是设立在县级,覆盖该县域范围及相邻县域范围的村镇地区的京东线下综合服务中心(图7-7)。该中心集物流、培训、售后及管理为一体,相当于京东的线下直营店,相关的硬件资源包括店面选址、租赁、家具采买、中心人员等由京东公司自营管理。每一个服务中心配备一个主管,该主管主要通过招募一些回乡创业的大学生或当地的一些小超市老板等,并对他们进行业务培训。服务中心的具体业务包括如下几个方面:一是线下O2O实体体验店;二是人力资源管理中心;三是物流仓储中心;四是电商培训服务,对服务中心管理人员和当地乡村推广员进行统一管理、统一培训、统一考核;五是营销推广业务,为推广员提供服务、宣传和物料支持;六是售后服务,和京东帮服务店的功能相区分,两者相互协作。作为京东电商下乡的统管中心,县级服务中心是实现"京东梦想"的落脚点,为广大推广员提供服务、宣传、物料支持,而这些中心则全部是京东直营店形式。

图7-7　京东县级服务中心职能

　　为了满足最基本的展示中心的功能,每一个县级服务中心的门店面积基本上为200平方米,店内一般设置了三个不同的功能区域:客户体验区、站点操作区和会议室。负责京东商城线上商品的线下展示,供客户体验、购买。商品种类包括家电类、生活用品类、母婴类等京东商城线上除大家电以外其余所有类型的商品。客户可以在店内参观展示的商品,遇到部分商品展示不详的还提供二维码扫描了解详情,然后在店员的帮助下下单,自助选择到店自提或者上门配送的服务。除常规的货品消费外,服务中心还设置有便民服务,比如代缴话费,代缴水、电、气费,代买火车票、飞机票,代订酒店等生活中需要的服务。通过这样的方式激活服务中心,培养二三线城市民众的体验式消费模式。此外,服务中心还为农民提供小额贷款等金融服务。服务中心客户购物体验流程如图 7-8 所示。

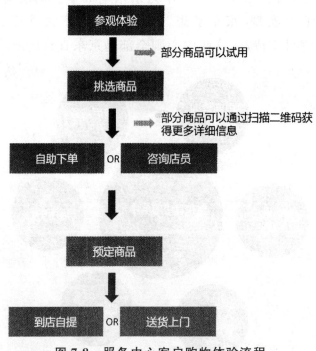

图 7-8　服务中心客户购物体验流程

2.建立京东帮服务店

在电商系统中,物流是十分重要的一个方面。京东最大的优势恰恰就在于其自建的物流体系,这为电商下乡提供了极为强大的物流保障和竞争优势。

在将渠道下沉作为集团的战略发展方向之后,京东在 2014 年开始将仓储运营中心、配送站、自提点、自提柜等不断地下沉到区县乡镇。根据统计,截至 2014 年第三季度,京东自建物流体系的覆盖区县数量已达 1 885 个。提供当天送达的"211 限时达"服务和次日达服务的覆盖区县数量,也由二季度的 111 个和 622 个分别增长至 130 个和 815 个。

另外,在 2014 年 12 月与格莱珉战略合作的发布会上,刘强东提出了要在 2015 年 6 月底之前发展 10 万名村民代理,覆盖中国 10 万个村庄,从而搭建起相对完善的农村配送体系。

所谓"京东帮",指的是为京东商城第三方入驻的卖家提供电子商务产品与服务的一个平台。在京东推行农村电商的战略中,"京东帮"模式可以与县级服务中心并称为双剑合璧,以大杀四方之势力战电商群雄,抢滩农村市场。而"京东帮"服务店的主要使命就是解决农村电商发展的制约问题——"最后一公里"。

全国首家京东帮服务店河北赵县如下(图 7-9)。

图 7-9 全国首家京东帮服务店河北赵县

资料来源:中国经济网

宿迁市宿豫县来龙镇京东乡村合作点开业如下(图 7-10)。

图 7-10   宿迁市宿豫县来龙镇京东乡村合作点开业

资料来源：中国经济网

2015 年伊始，京东就将首家"京东帮"服务店落户到了江苏省沭阳县，到了 4 月其发展战略已经布局到了云南禄劝彝族苗族自治县、通海县等地。同县级服务中心一样，"京东帮"服务店的目标市场同样是广袤的农村地区以及各小城市，但经营业务有所区别，主营大家电业务。可以说，两者携手使得农村电商真正走入了农村的千家万户。

其实，严格说来，"京东帮"服务店并不是隶属于京东体系，两者只是合作关系，只是主营业务是其自营家电罢了。大型家电在网购领域是有着自己独特需求的，例如在配送、安装以及后期维修等方面，即便是城市内也不可能做到完美，更不用说在农村地区了。而"京东帮"服务店的出现就针对性地解决了这一问题，使得广大农村消费者能够同样获得家电一站式服务。

具体而言，上述两种不同的模式虽各有侧重，但两者的互相补充却像双剑合璧那样能发挥出更大的作用。县级服务中心如开路先锋一样在农村电商的市场上一往无前，凭借着自身的各种功能来扩散电子商务的辐射范围，将数量庞大的农村消费者纳入到电商体系之中，而乡村推广员们也不辞辛苦地深入到各地的小村庄里，使京东的配送体系覆盖范围延伸得更广。

（1）自营采销体系，让农村特产"走出去"

对于很多县市和农村地区来说，普遍存在着"有好的产品，却无好的运营团队和渠道"等问题。针对这一情况，京东在开放地方县市特产馆的基础上，选择优良特产进行采购自营，以解决优质特产缺乏销售渠道的难题。例如，2014年9月，京东作为阳澄湖大闸蟹唯一认证的电商合作平台，将阳澄湖大闸蟹直送到消费者的餐桌上，把原产地直供做到了极致。

（2）"星火试点"与"千县燎原"：探索农村电商新形态

2014年11月，李克强总理在听取京东集团CEO刘强东发言时表示："村里人也应该与城里人享受同样的消费服务。"对农村电子商务的发展和京东电商下乡表示了高度关注并寄予厚望。因此，京东的农村电商战略不仅是让广大农民变成新的网购消费者，更多的是帮助他们利用电子商务改变生活和生产方式，以实现"带动工业品下乡、促进农产品进城"的国家战略。

为此，京东提出了"星火试点"计划，作为集团农村电商布局的桥头堡。该计划主要针对国家推进的电子商务下乡综合实验项目，在全国的55个试点县进行探索，以寻求适合中国县域电商化发展的京东模式。2014年12月21日，仁寿县人民政府成为京东"星火试点"的首个签约地区。该地区的农村消费者将与城市消费者一样，享受京东正品行货、快速物流等优质服务；同时，仁寿的特色农产品也可通过京东平台销售全国。

除了"星火试点"之外，为加快农村电商布局，京东还在全国范围内全面启动了"千县燎原"计划。主要是选择一批政府重视程度较高、电商发展基础较好、特色物产相对丰富、自建配送覆盖的县市，作为集团2015年电商下乡的重点扩展区域。

第三节　农村电商物流的机遇与策略

在农村电子商务活动热火朝天的发展过程中，农村电商物流是需要考虑的一个重要方面。本节主要针对农村电商物流发展的机遇和策略做出研究。

一、农村物流面对的机遇

（一）冷链物流

农村经济的发展靠创新改革，农村电商的发展靠农村物流建设。目前，中国农村的物流主要是常温物流，在流通过程中，农产品的损耗问题应引起重视。

农产品的损耗会直接影响商品形象，使得商品的销售量以及未来的买卖行为受到影响，进而使农民或经销商的利益受损。从最直观的方面来看，整个城市的贸易流通数字会受到影响。于是，利用有效的保鲜技术，减少农产品在流通过程中的损耗是一种有效的方法。

冷链物流的始端即农产品的原产地，冷链产品配送具有时效性，从农村产地向千里之外的销售市场配送的过程中，冷链的各个环节要具有高协调性，实现从农村产地到销售市场的无缝对接。

冷链物流进入农村市场需要企业投入更多的资金和人力，不管是借助第三方物流体系，还是自建物流体系，电商企业付出的成本都很高。基于此，政府应出台相应的政策来解决这类问题，如降低货物运输费用、便利的交通、取消不合理收费、优化中转配送环节以及提供运输货车停车位等相关政策。与常温物流相比，冷链物流需要投入更多的资金，产品价格自然也比较高，所以，物流企业和农牧业电商企业都可以向当地政府申请资金补贴。

（二）物流节点建设

网络电商进攻农村市场，由于物流体系建设还不完善，所以"门到门"服务还不能实现。要想让客户足不出户就能收到货物，物流节点的建设还需进一步完善。比如，为让村民可以方便地在线上购买农资产品，可以成立社区服务站，同时，为使农村高品质的农产品或者土特产可以通过线上销售出去,农民也可以通过线上平台把自己的意见反馈出去,形成县域地区 O2O 闭环。传统的农民企业家或者本地的农场主都可以成为农村新网商,把更多的绿色农产品经过加工,输出原产地,然后通过完善的物流节点将产品信息汇总之后,配送至客户的具体地址,逐步实现农村物流"门到门"服务,壮大农村县域电商。

(三)整体供应链规划

从供应链规划的出发点可以将整体供应链规划分为两个方面。

(1)被动式规划:围绕消费者的需求进行拉动式的供应链规划。

(2)主动式规划:围绕县域的主打商品进行推动式的供应链规划。

以县域电商为背景的供应链规划主要包括以下六个方面。

(1)县域农牧产品商品组织形态,如市场分析、地域产品分析、供应商分析等。

(2)县域农牧产品标准,如生产标准、产品推广标准等。

(3)县域农牧产品品质检测监控,如选择第三方检测、检测流程标准等。

(4)品牌传播方案,如事件营销等。

(5)渠道建设,如市场容量分析、制定渠道管理机制等。

(6)适合农牧业产品的营销、仓储配送、售后反馈等。

由此看出,县域电商的农村物流以及相对应的整个供应链体系将成为县域电商的建设重点。

二、农村物流的策略走向

(一)建立双向流通的物流体系

农村物流与城市物流相对,主要是为农村居民服务,打通农村与外界联系的渠道,为农民的生产、生活以及其他经济活动提供物流支持。农村物流主要包括三大部分:农业生产资料物流、日用工业品物流和农产品物流。这三部分相互联系,共同为农民提供服务。

农村物流与其他物流不同的地方在于,农村物流是个双向流通的体系,在将农民生活、生产资料配送到村后,还承担着将农产品输出农村的责任。因此,农村需要建设双向流通的物流体系,既充分利用农村的现有资源,又打破农村的封闭状态,使之与外界相连。

(二)第三方物流和共同配送模式是方向

在农村物流体系建设过程中,物流运营主体和配送模式是两个核心要素,决定着农村物流运营的效率。随着电商的下沉,农村物流也加快发展速度,并且运营主体也趋于多元化、多层次。在邮政企业、原有的交通运输企业和农资企业之外,又兴起一批规模较小的运输企业以及个体运输户,为农户提供专业的生产生活运输服务。

但是,从总体上看,农村物流目前还存在诸多问题,如规模较小、组织松散、物流网络覆盖面积小。此外,还无法充分利用农村现有的资源,导致运输效率低下,"最后一公里"的问题还没有得到解决,农村物流运营主体还无法满足农户的需求。

在建设农村物流体系的过程中,需要以培养农村物流运营主体为重点。通过运营主体与第三方电子商务平台相连接,引入现代化的配送模式,规范农村物流秩序,使之趋向专业化和规范化,同时,提高农村闲置资源利用率,节省时间和成本。除此之外,建设农村物流体系,还能为农户生产种植提供良好的市场环境,鼓励农村物流企业的发展,充分发挥其优势,为农村的发展、农户的生活服务。

(三)大力发展农村物流的基础设施

基础设施建设是发展农村物流的关键,物流配送的整个流程都依赖于基础设施的建设。随着农村经济的发展,以及电子商务的下沉,农村建立起基本的物流运输网络。

但是在农产品生产的旺季,农村现有的运输体系还无法满足大量产品输出农村的需求,冷链物流发展滞后,无法保障农产品在运输途中的质量。此外,农村的基础设施建设比较薄弱,缺乏存储农产品的大型仓库,运输管理体系还不完善,资源分散,整合难度大,耗费了大量的时间和成本,致使服务力度低。这些都是目前农村建设物流要解决的问题。

因此,在建设农村物流基础设施时需要从以下两方面着手。

1.完善农村物流网络体系

采用"梯级转运"的运输方式,在县(市)建立物流分拨中心,与乡镇的邮局、供销社相连接,再将邮局、供销社与较大行政村、供销超市、农资超市、农村集市相连。通过层层分级,充分利用农村的自有资源,为农产品的输出提供便捷的渠道。

2.建设先进的、现代化的基础设施设备

以先进的、现代化的基础设施作为农村物流的补充,利用叉车、托盘、液压车等先进工具,并利用现代化的运输存储手段,发展冷链物流,建设冷冻仓库,保障农产品在运输途中的质量。

(四)建设物流服务信息平台

在移动互联网时代,信息化、碎片化是其主要特征,而信息化也必将成为农村物流的发展趋势。由于在传统社会,农村比较落后,信息也不对称,忽视了物流的发展,农村物流行业整体素质较低、秩序紊乱,企业之间恶性竞争激烈,无法实现信息和资源共享,严重阻碍了农村物流信息化的进程。

在农村物流的信息化建设过程中,需要充分挖掘信息化服务平台的潜能,为农产品输出提供多样化的渠道。可以在互联网的基础上,完善通信网络的硬件,扩大农民获取信息的渠道,为农民

提供综合性的服务。打破农民与流通企业、物流运营主体的信息隔阂,实现资源共享。运用信息化的手段监管物流运输配送,实时跟踪农产品的加工、整理、仓储、运输、装卸、配送、信息处理等流程。

物流信息服务平台在提供基本的信息、与其他用户共享数据库外,还承担着智能管理物流配送、实时监控产品的存储、整理的功能,并利用数据库进行科学分析、精准决策,以便提高农产品的配送效率。

(五)建立专门的领导小组和保障措施

基础性、社会性和公益性是农村物流的三大特性,政府制定了一系列相关的优惠政策,鼓励农村物流的发展。但是,农村物流网络体系的建设需要交通、经贸、农业、邮政等多个部门的配合,各部门加强沟通与联系,共享信息和资源,协同工作,从而节省资源,提供效率。

具体来说,就是成立专门的领导小组,以协调各部门的工作,制定相应的规章制度和统一的发展规划。例如,制定统一的物流运营管理办法、物流设施设备标准,以此促进农村物流基础设施建设的进程;同时还要为农村物流建设提供充足的资金和先进的技术支持,从而避免资源的浪费,提高服务水平。

参考文献

[1]张润彤.电子商务(第三版)[M].北京:科学出版社有限责任公司,2016.

[2]邓顺国.电子商务运营管理[M].北京:科学出版社有限责任公司,2016.

[3]翟丽丽,刘科文.电子商务案例教程[M].北京:科学出版社有限责任公司,2016.

[4]靳林.电子商务与物流配送[M].北京:机械工业出版社,2016.

[5]李一军.电子商务(第2版)[M].北京:电子工业出版社,2016.

[6]王忠诚.电子商务概论[M].北京:机械工业出版社,2016.

[7]李敏,曹玲,魏娟.电子商务理论与实践[M].北京:科学出版社有限责任公司,2016.

[8]孙建红.电子商务理论与实务[M].北京:化学工业出版社,2016.

[9]刘志慧.电子商务法律法规[M].北京:清华大学出版社,2015.

[10]张凌志.电子商务[M].北京:中国财富出版社,2015.

[11]杨路明.电子商务概论(第二版)[M].北京:中国人民大学出版社,2015.

[12]戴恩勇,袁超.电子商务[M].北京:清华大学出版社,2015.

[13]郑月锋,周雪.电子商务[M].北京:机械工业出版

社,2015.

[14]洪友红.电子商务法律服务指引[M].北京:法律出版社,2015.

[15]贺湘辉,刘香玉.电子商务基础[M].北京:中国人民大学出版社,2015.

[16]方磊.电子商务物流管理[M].北京:清华大学出版社,2011.

[17]张新彦,李建军.网络营销[M].哈尔滨:哈尔滨工业大学出版社,2010.

[18]杨坚争.电子商务概论[M].北京:中国人民大学出版社,2007.

[19]钟强.电子商务概论[M].北京:北京大学出版社,2006.

[20]苏梅.网络营销[M].北京:北京大学出版社,2006.

[21]沈鑫刻.计算机网络安全[M].北京:人民邮电出版社,2011.

[22]黄成明.数据化管理:洞悉零售及电子商务运营[M].北京:电子工业出版社,2014.

[23]赵冬梅.电子商务[M].北京:机械工业出版社,2012.

[24]肖德琴.电子商务安全保密技术与应用[M].广州:华南理工大学出版社,2009.

[25]陈孟建.电子商务网络安全与防火墙技术[M].北京:清华大学出版社,2011.

[26]黄敏学.电子商务[M].北京:高等教育出版社,2007.

[27]成栋.电子商务[M].大连:东北财经大学出版社,2001.

[28]秦城德.电子商务法律与实务[M].北京:人民邮电出版社,2008.

[29]施耐德.电子商务[M].北京:机械工业出版社,2008.

[30]李瑞.电子商务法[M].北京:北京大学出版社,2008.

[31]李静.配送作业的组织与实施[M].北京:北京理工大学出版社,2010.

［32］樊世清.电子商务［M］.北京:清华大学出版社,2012.

［33］屈冠银.电子商务物流管理［M］.北京:机械工业出版社,2012.

［34］黄若.我看电商［M］.北京:电子工业出版社,2013.

［35］薛华成.管理信息系统［M］.北京:清华大学出版社,2003.

［36］何薇.舒后.网络数据库技术与应用［M］.北京:清华大学出版社,2005.

［37］蔡皖东.计算机网络［M］.西安:西安电子科技大学出版社,2000.

［38］于卫红.电子商务概论［M］.北京:国防工业出版社,2009.

［39］王学东.企业电子商务管理［M］.北京:高等教育出版社,2002.

［40］吴清烈.电子商务管理［M］.北京:机械工业出版社,2009.

［41］李海刚.电子商务管理［M］.北京:上海交通大学出版社,2009.

［42］姚海萍.关于企业电子商务发展战略的思考［J］.企业改革与管理,2016(5).

［43］祝振欣,徐春桥.移动电子商务发展［J］.趋势电脑知识与技术,2016(19).

［44］刘宇.彰武县农村电子商务发展存在的问题［J］.现代农业科技,2016(15).

［45］曾筝.浅析我国农村电子商务存在的主要问题［J］.现代营销,2016(7).

［46］张云朝.电子商务企业物流模式分析［J］.现代商贸工业,2016(18).